DICTIONARY
THEME–BASED

British English Collection

ENGLISH-LATVIAN

The most useful words
To expand your lexicon and sharpen
your language skills

5000 words

Theme-based dictionary British English-Latvian - 5000 words

By Andrey Taranov

T&P Books vocabularies are intended for helping you learn, memorize and review foreign words. The dictionary is divided into themes, covering all major spheres of everyday activities, business, science, culture, etc.

The process of learning words using T&P Books' theme-based dictionaries gives you the following advantages:

- Correctly grouped source information predetermines success at subsequent stages of word memorization
- Availability of words derived from the same root allowing memorization of word units (rather than separate words)
- Small units of words facilitate the process of establishing associative links needed for consolidation of vocabulary
- Level of language knowledge can be estimated by the number of learned words

T&P Books Publishing
www.tpbooks.com

This book is also available in E-book formats.
Please visit www.tpbooks.com or the major online bookstores.

LATVIAN THEME-BASED DICTIONARY
British English collection

T&P Books vocabularies are intended to help you learn, memorize, and review foreign words. The vocabulary contains over 5000 commonly used words arranged thematically.

- Vocabulary contains the most commonly used words
- Recommended as an addition to any language course
- Meets the needs of beginners and advanced learners of foreign languages
- Convenient for daily use, revision sessions, and self-testing activities
- Allows you to assess your vocabulary

Special features of the vocabulary

- Words are organized according to their meaning, not alphabetically
- Words are presented in three columns to facilitate the reviewing and self-testing processes
- Words in groups are divided into small blocks to facilitate the learning process
- The vocabulary offers a convenient and simple transcription of each foreign word

The vocabulary has 155 topics including:

Basic Concepts, Numbers, Colors, Months, Seasons, Units of Measurement, Clothing & Accessories, Food & Nutrition, Restaurant, Family Members, Relatives, Character, Feelings, Emotions, Diseases, City, Town, Sightseeing, Shopping, Money, House, Home, Office, Working in the Office, Import & Export, Marketing, Job Search, Sports, Education, Computer, Internet, Tools, Nature, Countries, Nationalities and more ...

TABLE OF CONTENTS

PRONUNCIATION GUIDE

Letter	Latvian example	T&P phonetic alphabet	English example

Vowels

Letter	Latvian example	T&P phonetic alphabet	English example
A a	adata	[ɑ]	shorter than in park, card
Ā ā	ābols	[ɑ:]	father, answer
E e	egle	[e], [æ]	pet, absent
Ē ē	ērglis	[e:], [æ:]	longer than in bell
I i	izcelsme	[i]	shorter than in 'feet'
Ī ī	īpašums	[i:]	feet, meter
O o	okeāns	[o], [o:]	floor, doctor
U u	ubags	[u]	book
Ū ū	ūdens	[u:]	pool, room

Consonants

Letter	Latvian example	T&P phonetic alphabet	English example
B b	bads	[b]	baby, book
C c	cālis	[ts]	cats, tsetse fly
Č č	čaumala	[tʃ]	church, French
D d	dambis	[d]	day, doctor
F f	flauta	[f]	face, food
Ģ g	gads	[g]	game, gold
Ģ ģ	ģitāra	[dʲ]	median, radio
H h	haizivs	[h]	home, have
J j	janvāris	[j]	yes, New York
K k	kabata	[k]	clock, kiss
Ķ ķ	ķilava	[tʲ/tʃ]	between soft [t] and [k], like tune
L l	labība	[l]	lace, people
Ļ ļ	ļaudis	[ʎ]	daily, million
M m	magone	[m]	magic, milk
N n	nauda	[n]	name, normal
Ņ ņ	ņaudēt	[ɲ]	canyon, new
P p	pakavs	[p]	pencil, private
R r	ragana	[r]	rice, radio
S s	sadarbība	[s]	city, boss
Š š	šausmas	[ʃ]	machine, shark
T t	tabula	[t]	tourist, trip

9

Letter	Latvian example	T&P phonetic alphabet	English example
V v	vabole	[v]	very, river
Z z	zaglis	[z]	zebra, please
Ž ž	žagata	[ʒ]	forge, pleasure

Comments

* Letters **Qq, Ww, Xx, Yy** used in foreign loanwords only
** Standard Latvian and all of the Latvian dialects have fixed initial stress (with a few minor exceptions).

ABBREVIATIONS
used in the dictionary

English abbreviations

ab.	-	about
adj	-	adjective
adv	-	adverb
anim.	-	animate
as adj	-	attributive noun used as adjective
e.g.	-	for example
etc.	-	et cetera
fam.	-	familiar
fem.	-	feminine
form.	-	formal
inanim.	-	inanimate
masc.	-	masculine
math	-	mathematics
mil.	-	military
n	-	noun
pl	-	plural
pron.	-	pronoun
sb	-	somebody
sing.	-	singular
sth	-	something
v aux	-	auxiliary verb
vi	-	intransitive verb
vi, vt	-	intransitive, transitive verb
vt	-	transitive verb

Latvian abbreviations

s	-	feminine noun
s dsk	-	feminine plural
v	-	masculine noun
v dsk	-	masculine plural
v, s	-	masculine, feminine

BASIC CONCEPTS

Basic concepts. Part 1

1. Pronouns

I, me	es	[es]
you	tu	[tu]
he	viņš	[viɲʃ]
she	viņa	[viɲa]
it	tas	[tas]
we	mēs	[meːs]
you (to a group)	jūs	[juːs]
they	viņi	[viɲi]

2. Greetings. Salutations. Farewells

Hello! (fam.)	Sveiki!	[svɛiki!]
Hello! (form.)	Esiet sveicināts!	[ɛsiɛt svɛitsinaːts!]
Good morning!	Labrīt!	[labriːt!]
Good afternoon!	Labdien!	[labdiɛn!]
Good evening!	Labvakar!	[labvakar!]
to say hello	sveicināt	[svɛitsinaːt]
Hi! (hello)	Čau!	[tʃau!]
greeting (n)	sveiciens (v)	[svɛitsiɛns]
to greet (vt)	pasveicināt	[pasvɛitsinaːt]
How are you?	Kā iet?	[kaː iɛt?]
What's new?	Kas jauns?	[kas jauns?]
Goodbye!	Uz redzēšanos!	[uz redzeːʃanɔs!]
Bye!	Atā!	[ataː!]
See you soon!	Uz tikšanos!	[uz tikʃanɔs!]
Farewell!	Ardievu!	[ardiɛvu!]
to say goodbye	atvadīties	[atvadiːtiɛs]
Cheers!	Nu tad pagaidām!	[nu tad pagaidaːm!]
Thank you! Cheers!	Paldies!	[paldiɛs!]
Thank you very much!	Liels paldies!	[liɛls paldiɛs!]
My pleasure!	Lūdzu	[luːdzu]
Don't mention it!	Nav par ko	[nav par kɔ]
It was nothing	Nav par ko	[nav par kɔ]
Excuse me! (fam.)	Atvaino!	[atvainɔ!]
Excuse me! (form.)	Atvainojiet!	[atvainɔjiɛt!]

to excuse (forgive)	piedot	[piɛdɔt]
to apologize (vi)	atvainoties	[atvainɔtiɛs]
My apologies	Es atvainojos	[es atvainɔjɔs]
I'm sorry!	Piedodiet!	[piɛdɔdiɛt!]
to forgive (vt)	piedot	[piɛdɔt]
It's okay! (that's all right)	Tas nekas	[tas nɛkas]
please (adv)	lūdzu	[lu:dzu]

Don't forget!	Neaizmirstiet!	[neaizmirstiɛt!]
Certainly!	Protams!	[prɔtams!]
Of course not!	Protams, ka nē!	[prɔtams, ka ne:!]
Okay! (I agree)	Piekrītu!	[piɛkri:tu!]
That's enough!	Pietiek!	[piɛtiɛk!]

3. How to address

mister, sir	Kungs	[kuŋgs]
madam	Kundze	[kundze]
miss	Jaunkundze	[jaunkundze]
young man	Jaunskungs	[jaunskuŋgs]
young man (little boy)	puisēns	[puise:ns]
miss (little girl)	meitene	[mɛitɛne]

4. Cardinal numbers. Part 1

0 zero	nulle	[nulle]
1 one	viens	[viɛns]
2 two	divi	[divi]
3 three	trīs	[tri:s]
4 four	četri	[tʃetri]

5 five	pieci	[piɛtsi]
6 six	seši	[seʃi]
7 seven	septiņi	[septiɲi]
8 eight	astoņi	[astɔɲi]
9 nine	deviņi	[deviɲi]

10 ten	desmit	[desmit]
11 eleven	vienpadsmit	[viɛnpadsmit]
12 twelve	divpadsmit	[divpadsmit]
13 thirteen	trīspadsmit	[tri:spadsmit]
14 fourteen	četrpadsmit	[tʃetrpadsmit]

15 fifteen	piecpadsmit	[piɛtspadsmit]
16 sixteen	sešpadsmit	[seʃpadsmit]
17 seventeen	septiņpadsmit	[septiɲpadsmit]
18 eighteen	astoņpadsmit	[astɔɲpadsmit]
19 nineteen	deviņpadsmit	[deviɲpadsmit]

20 twenty	divdesmit	[divdesmit]
21 twenty-one	divdesmit viens	[divdesmit viɛns]
22 twenty-two	divdesmit divi	[divdesmit divi]

23 twenty-three	**divdesmit trīs**	[divdesmit tri:s]
30 thirty	**trīsdesmit**	[tri:sdesmit]
31 thirty-one	**trīsdesmit viens**	[tri:sdesmit viɛns]
32 thirty-two	**trīsdesmit divi**	[tri:sdesmit divi]
33 thirty-three	**trīsdesmit trīs**	[tri:sdesmit tri:s]
40 forty	**četrdesmit**	[tʃetrdesmit]
41 forty-one	**četrdesmit viens**	[tʃetrdesmit viɛns]
42 forty-two	**četrdesmit divi**	[tʃetrdesmit divi]
43 forty-three	**četrdesmit trīs**	[tʃetrdesmit tri:s]
50 fifty	**piecdesmit**	[piɛtsdesmit]
51 fifty-one	**piecdesmit viens**	[piɛtsdesmit viɛns]
52 fifty-two	**piecdesmit divi**	[piɛtsdesmit divi]
53 fifty-three	**piecdesmit trīs**	[piɛtsdesmit tri:s]
60 sixty	**sešdesmit**	[seʃdesmit]
61 sixty-one	**sešdesmit viens**	[seʃdesmit viɛns]
62 sixty-two	**sešdesmit divi**	[seʃdesmit divi]
63 sixty-three	**sešdesmit trīs**	[seʃdesmit tri:s]
70 seventy	**septiņdesmit**	[septiɲdesmit]
71 seventy-one	**septiņdesmit viens**	[septiɲdesmit viɛns]
72 seventy-two	**septiņdesmit divi**	[septiɲdesmit divi]
73 seventy-three	**septiņdesmit trīs**	[septiɲdesmit tri:s]
80 eighty	**astoņdesmit**	[astɔɲdesmit]
81 eighty-one	**astoņdesmit viens**	[astɔɲdesmit viɛns]
82 eighty-two	**astoņdesmit divi**	[astɔɲdesmit divi]
83 eighty-three	**astoņdesmit trīs**	[astɔɲdesmit tri:s]
90 ninety	**deviņdesmit**	[deviɲdesmit]
91 ninety-one	**deviņdesmit viens**	[deviɲdesmit viɛns]
92 ninety-two	**deviņdesmit divi**	[deviɲdesmit divi]
93 ninety-three	**deviņdesmit trīs**	[deviɲdesmit tri:s]

5. Cardinal numbers. Part 2

100 one hundred	**simts**	[simts]
200 two hundred	**divsimt**	[divsimt]
300 three hundred	**trīssimt**	[tri:simt]
400 four hundred	**četrsimt**	[tʃetrsimt]
500 five hundred	**piecsimt**	[piɛtsimt]
600 six hundred	**sešsimt**	[seʃsimt]
700 seven hundred	**septiņsimt**	[septiɲsimt]
800 eight hundred	**astoņsimt**	[astɔɲsimt]
900 nine hundred	**deviņsimt**	[deviɲsimt]
1000 one thousand	**tūkstotis**	[tu:kstɔtis]
2000 two thousand	**divi tūkstoši**	[divi tu:kstɔʃi]
3000 three thousand	**trīs tūkstoši**	[tri:s tu:kstɔʃi]
10000 ten thousand	**desmit tūkstoši**	[desmit tu:kstɔʃi]
one hundred thousand	**simt tūkstoši**	[simt tu:kstɔʃi]

| million | miljons (v) | [miljɔns] |
| billion | miljards (v) | [miljards] |

6. Ordinal numbers

first (adj)	pirmais	[pirmais]
second (adj)	otrais	[ɔtrais]
third (adj)	trešais	[treʃais]
fourth (adj)	ceturtais	[tsɛturtais]
fifth (adj)	piektais	[piɛktais]

sixth (adj)	sestais	[sestais]
seventh (adj)	septītais	[septi:tais]
eighth (adj)	astotais	[astɔtais]
ninth (adj)	devītais	[devi:tais]
tenth (adj)	desmitais	[desmitais]

7. Numbers. Fractions

fraction	daļskaitlis (v)	[dalʲskaitlis]
one half	puse	[puse]
one third	viena trešdaļa	[viɛna treʃdalʲa]
one quarter	viena ceturtdaļa	[viɛna tsɛturtdalʲa]

one eighth	viena astotā	[viɛna astɔta:]
one tenth	viena desmitā	[viɛna desmita:]
two thirds	divas trešdaļas	[divas treʃdalʲas]
three quarters	trīs ceturtdaļas	[tri:s tsɛturtdalʲas]

8. Numbers. Basic operations

subtraction	atņemšana (s)	[atɲemʃana]
to subtract (vi, vt)	atņemt	[atɲemt]
division	dalīšana (s)	[dali:ʃana]
to divide (vt)	dalīt	[dali:t]

addition	saskaitīšana (s)	[saskaiti:ʃana]
to add up (vt)	saskaitīt	[saskaiti:t]
to add (vi)	pieskaitīt	[piɛskaiti:t]
multiplication	reizināšana (s)	[rɛizina:ʃana]
to multiply (vt)	reizināt	[rɛizina:t]

9. Numbers. Miscellaneous

digit, figure	cipars (v)	[tsipars]
number	skaitlis (v)	[skaitlis]
numeral	numerālis (v)	[numɛra:lis]
minus sign	mīnuss (v)	[mi:nus]

15

| plus sign | pluss (v) | [plus] |
| formula | formula (s) | [fɔrmula] |

calculation	aprēķināšana (s)	[apre:tʲina:ʃana]
to count (vi, vt)	skaitīt	[skaiti:t]
to count up	sarēķināt	[sare:tʲina:t]
to compare (vt)	salīdzināt	[sali:dzina:t]

| How much? | Cik? | [tsik?] |
| How many? | Cik daudz? | [tsik daudz?] |

sum, total	summa (s)	[summa]
result	rezultāts (v)	[rɛzulta:ts]
remainder	atlikums (v)	[atlikums]

a few (e.g., ~ years ago)	daži	[daʒi]
little (I had ~ time)	maz ...	[maz ...]
few (I have ~ friends)	daži	[daʒi]
a little (~ water)	mazliet	[mazliet]
the rest	pārējais	[pa:re:jais]
one and a half	pusotra	[pusɔtra]
dozen	ducis (v)	[dutsis]

in half (adv)	uz pusēm	[uz puse:m]
equally (evenly)	vienlīdzīgi	[viɛnli:dzi:gi]
half	puse (s)	[puse]
time (three ~s)	reize (s)	[rɛize]

10. The most important verbs. Part 1

to advise (vt)	dot padomu	[dɔt padɔmu]
to agree (say yes)	piekrist	[piɛkrist]
to answer (vi, vt)	atbildēt	[atbilde:t]
to apologize (vi)	atvainoties	[atvainɔtiɛs]
to arrive (vi)	atbraukt	[atbraukt]

to ask (~ oneself)	jautāt	[jauta:t]
to ask (~ sb to do sth)	lūgt	[lu:gt]
to be (vi)	būt	[bu:t]

to be afraid	baidīties	[baidi:tiɛs]
to be hungry	gribēt ēst	[gribe:t e:st]
to be interested in ...	interesēties	[intɛrɛse:tiɛs]
to be needed	būt vajadzīgam	[bu:t vajadzi:gam]
to be surprised	brīnīties	[bri:ni:tiɛs]

to be thirsty	gribēt dzert	[gribe:t dzert]
to begin (vt)	sākt	[sa:kt]
to belong to ...	piederēt	[piɛdɛre:t]
to boast (vi)	lielīties	[liɛli:tiɛs]
to break (split into pieces)	lauzt	[lauzt]
to call (~ for help)	saukt	[saukt]
can (v aux)	spēt	[spe:t]
to catch (vt)	ķert	[tʲert]

to change (vt)	mainīt	[maini:t]
to choose (select)	izvēlēties	[izvɛ:le:tiɛs]
to come down (the stairs)	nokāpt	[nɔka:pt]

to compare (vt)	salīdzināt	[sali:dzina:t]
to complain (vi, vt)	sūdzēties	[su:dze:tiɛs]
to confuse (mix up)	sajaukt	[sajaukt]
to continue (vt)	turpināt	[turpina:t]
to control (vt)	kontrolēt	[kɔntrɔle:t]
to cook (dinner)	gatavot	[gatavɔt]

to cost (vt)	maksāt	[maksa:t]
to count (add up)	sarēķināt	[sare:tʲina:t]
to count on ...	paļauties uz ...	[palʲauties uz ...]
to create (vt)	izveidot	[izvɛidɔt]
to cry (weep)	raudāt	[rauda:t]

11. The most important verbs. Part 2

to deceive (vi, vt)	krāpt	[kra:pt]
to decorate (tree, street)	izrotāt	[izrɔta:t]
to defend (a country, etc.)	aizstāvēt	[aizsta:ve:t]
to demand (request firmly)	prasīt	[prasi:t]
to dig (vt)	rakt	[rakt]

to discuss (vt)	apspriest	[apspriɛst]
to do (vt)	darīt	[dari:t]
to doubt (have doubts)	šaubīties	[ʃaubi:tiɛs]
to drop (let fall)	nomest	[nɔmest]
to enter (room, house, etc.)	ieiet	[iɛiɛt]

to excuse (forgive)	piedot	[piɛdɔt]
to exist (vi)	eksistēt	[eksiste:t]
to expect (foresee)	paredzēt	[paredze:t]
to explain (vt)	paskaidrot	[paskaidrɔt]
to fall (vi)	krist	[krist]

to fancy (vt)	patikt	[patikt]
to find (vt)	atrast	[atrast]
to finish (vt)	beigt	[bɛigt]
to fly (vi)	lidot	[lidɔt]
to follow ... (come after)	sekot ...	[sekɔt ...]

to forget (vi, vt)	aizmirst	[aizmirst]
to forgive (vt)	piedot	[piɛdɔt]
to give (vt)	dot	[dɔt]
to give a hint	dot mājienu	[dɔt ma:jiɛnu]
to go (on foot)	iet	[iɛt]

to go for a swim	peldēties	[pelde:tiɛs]
to go out (for dinner, etc.)	iziet	[iziɛt]
to guess (the answer)	uzminēt	[uzmine:t]
to have (vt)	būt	[bu:t]
to have breakfast	brokastot	[brɔkastɔt]

17

to have dinner	vakariņot	[vakariŋɔt]
to have lunch	pusdienot	[pusdiɛnɔt]
to hear (vt)	dzirdēt	[dzirde:t]

to help (vt)	palīdzēt	[pali:dze:t]
to hide (vt)	slēpt	[sle:pt]
to hope (vi, vt)	cerēt	[tsɛre:t]
to hunt (vi, vt)	medīt	[medi:t]
to hurry (vi)	steigties	[stɛigtiɛs]

12. The most important verbs. Part 3

to inform (vt)	informēt	[infɔrme:t]
to insist (vi, vt)	uzstāt	[uzsta:t]
to insult (vt)	aizvainot	[aizvainɔt]
to invite (vt)	ielūgt	[iɛlu:gt]
to joke (vi)	jokot	[jɔkɔt]

to keep (vt)	uzglabāt	[uzglaba:t]
to keep silent, to hush	klusēt	[kluse:t]
to kill (vt)	nogalināt	[nɔgalina:t]
to know (sb)	pazīt	[pazi:t]
to know (sth)	zināt	[zina:t]
to laugh (vi)	smieties	[smiɛtiɛs]

to liberate (city, etc.)	atbrīvot	[atbri:vɔt]
to look for ... (search)	meklēt ...	[mekle:t ...]
to love (sb)	mīlēt	[mi:le:t]
to make a mistake	kļūdīties	[kʲlʲu:di:tiɛs]
to manage, to run	vadīt	[vadi:t]
to mean (signify)	nozīmēt	[nɔzi:me:t]
to mention (talk about)	pieminēt	[piɛmine:t]
to miss (school, etc.)	kavēt	[kave:t]
to notice (see)	pamanīt	[pamani:t]
to object (vi, vt)	iebilst	[iɛbilst]

to observe (see)	novērot	[nɔve:rɔt]
to open (vt)	atvērt	[atve:rt]
to order (meal, etc.)	pasūtīt	[pasu:ti:t]
to order (mil.)	pavēlēt	[pavɛ:le:t]
to own (possess)	pārvaldīt	[pa:rvaldi:t]

to participate (vi)	piedalīties	[piɛdali:tiɛs]
to pay (vi, vt)	maksāt	[maksa:t]
to permit (vt)	atļaut	[atlʲaut]
to plan (vt)	plānot	[pla:nɔt]
to play (children)	spēlēt	[spɛ:le:t]

to pray (vi, vt)	lūgties	[lu:gtiɛs]
to prefer (vt)	dot priekšroku	[dɔt priɛkʃrɔku]
to promise (vt)	solīt	[sɔli:t]
to pronounce (vt)	izrunāt	[izruna:t]
to propose (vt)	piedāvāt	[piɛda:va:t]
to punish (vt)	sodīt	[sɔdi:t]

13. The most important verbs. Part 4

to read (vi, vt)	**lasīt**	[lasi:t]
to recommend (vt)	**ieteikt**	[iɛtɛikt]
to refuse (vi, vt)	**atteikties**	[attɛiktiɛs]
to regret (be sorry)	**nožēlot**	[nɔʒe:lɔt]
to rent (sth from sb)	**īrēt**	[i:re:t]
to repeat (say again)	**atkārtot**	[atka:rtɔt]
to reserve, to book	**rezervēt**	[rɛzerve:t]
to run (vi)	**skriet**	[skriɛt]
to save (rescue)	**glābt**	[gla:bt]
to say (~ thank you)	**teikt**	[tɛikt]
to scold (vt)	**lamāt**	[lama:t]
to see (vt)	**redzēt**	[redze:t]
to sell (vt)	**pārdot**	[pa:rdɔt]
to send (vt)	**sūtīt**	[su:ti:t]
to shoot (vi)	**šaut**	[ʃaut]
to shout (vi)	**kliegt**	[kliɛgt]
to show (vt)	**parādīt**	[para:di:t]
to sign (document)	**parakstīt**	[paraksti:t]
to sit down (vi)	**sēsties**	[se:stiɛs]
to smile (vi)	**smaidīt**	[smaidi:t]
to speak (vi, vt)	**runāt**	[runa:t]
to steal (money, etc.)	**zagt**	[zagt]
to stop (for pause, etc.)	**apstāties**	[apsta:tiɛs]
to stop (please ~ calling me)	**pārtraukt**	[pa:rtraukt]
to study (vt)	**pētīt**	[pe:ti:t]
to swim (vi)	**peldēt**	[pelde:t]
to take (vt)	**ņemt**	[ɲemt]
to think (vi, vt)	**domāt**	[dɔma:t]
to threaten (vt)	**draudēt**	[draude:t]
to touch (with hands)	**pieskarties**	[piɛskartiɛs]
to translate (vt)	**tulkot**	[tulkɔt]
to trust (vt)	**uzticēt**	[uztitse:t]
to try (attempt)	**mēģināt**	[me:dʲina:t]
to turn (e.g., ~ left)	**pagriezties**	[pagriɛztiɛs]
to underestimate (vt)	**par zemu vērtēt**	[par zɛmu ve:rte:t]
to understand (vt)	**saprast**	[saprast]
to unite (vt)	**apvienot**	[apviɛnɔt]
to wait (vt)	**gaidīt**	[gaidi:t]
to want (wish, desire)	**gribēt**	[gribe:t]
to warn (vt)	**brīdināt**	[bri:dina:t]
to work (vi)	**strādāt**	[stra:da:t]
to write (vt)	**rakstīt**	[raksti:t]
to write down	**pierakstīt**	[piɛraksti:t]

19

14. Colours

colour	krāsa (s)	[kra:sa]
shade (tint)	nokrāsa (s)	[nɔkra:sa]
hue	tonis (v)	[tɔnis]
rainbow	varavīksne (s)	[varavi:ksne]
white (adj)	balts	[balts]
black (adj)	melns	[melns]
grey (adj)	pelēks	[pɛle:ks]
green (adj)	zaļš	[zalʲʃ]
yellow (adj)	dzeltens	[dzeltens]
red (adj)	sarkans	[sarkans]
blue (adj)	zils	[zils]
light blue (adj)	gaiši zils	[gaiʃi zils]
pink (adj)	rozā	[rɔza:]
orange (adj)	oranžs	[ɔranʒs]
violet (adj)	violets	[viɔlets]
brown (adj)	brūns	[bru:ns]
golden (adj)	zelta	[zelta]
silvery (adj)	sudrabains	[sudrabains]
beige (adj)	bēšs	[be:ʃs]
cream (adj)	krēmkrāsas	[kre:mkra:sas]
turquoise (adj)	zilganzaļš	[zilganzalʲʃ]
cherry red (adj)	ķiršu brīns	[tʲirʃu bri:ns]
lilac (adj)	lillā	[lilla:]
crimson (adj)	aveņkrāsas	[aveŋkra:sas]
light (adj)	gaišs	[gaiʃs]
dark (adj)	tumšs	[tumʃs]
bright, vivid (adj)	spilgts	[spilgts]
coloured (pencils)	krāsains	[kra:sains]
colour (e.g. ~ film)	krāsains	[kra:sains]
black-and-white (adj)	melnbalts	[melnbalts]
plain (one-coloured)	vienkrāsains	[viɛnkra:sains]
multicoloured (adj)	daudzkrāsains	[daudzkra:sains]

15. Questions

Who?	Kas?	[kas?]
What?	Kas?	[kas?]
Where? (at, in)	Kur?	[kur?]
Where (to)?	Uz kurieni?	[uz kuriɛni?]
From where?	No kurienes?	[nɔ kuriɛnes?]
When?	Kad?	[kad?]
Why? (What for?)	Kādēļ?	[ka:de:lʲ?]
Why? (~ are you crying?)	Kāpēc?	[ka:pe:ts?]
What for?	Kam?	[kam?]

How? (in what way)	Kā?	[kɑ:?]
What? (What kind of ...?)	Kāds?	[kɑ:ds?]
Which?	Kurš?	[kurʃ?]

To whom?	Kam?	[kam?]
About whom?	Par kuru?	[par kuru?]
About what?	Par ko?	[par kɔ?]
With whom?	Ar ko?	[ar kɔ?]

How many?	Cik daudz?	[tsik daudz?]
How much?	Cik?	[tsik?]
Whose?	Kura? Kuras? Kuru?	[kura?], [kuras?], [kuru?]

16. Prepositions

with (accompanied by)	ar	[ar]
without	bez	[bez]
to (indicating direction)	uz	[uz]
about (talking ~ ...)	par	[par]
before (in time)	pirms	[pirms]
in front of ...	priekšā	[priɛkʃa:]

under (beneath, below)	zem	[zem]
above (over)	virs	[virs]
on (atop)	uz	[uz]
from (off, out of)	no	[nɔ]
of (made from)	no	[nɔ]

in (e.g. ~ ten minutes)	pēc	[pe:ts]
over (across the top of)	caur	[tsaur]

17. Function words. Adverbs. Part 1

Where? (at, in)	Kur?	[kur?]
here (adv)	šeit	[ʃɛit]
there (adv)	tur	[tur]

somewhere (to be)	kaut kur	[kaut kur]
nowhere (not in any place)	nekur	[nɛkur]

by (near, beside)	pie ...	[piɛ ...]
by the window	pie loga	[piɛ lɔga]

Where (to)?	Uz kurieni?	[uz kuriɛni?]
here (e.g. come ~!)	šurp	[ʃurp]
there (e.g. to go ~)	turp	[turp]
from here (adv)	no šejienes	[nɔ ʃejiɛnes]
from there (adv)	no turienes	[nɔ turiɛnes]

close (adv)	tuvu	[tuvu]
far (adv)	tālu	[ta:lu]
near (e.g. ~ Paris)	pie	[piɛ]

nearby (adv)	blakus	[blakus]
not far (adv)	netālu	[nɛta:lu]
left (adj)	kreisais	[krɛisais]
on the left	pa kreisi	[pa krɛisi]
to the left	pa kreisi	[pa krɛisi]
right (adj)	labais	[labais]
on the right	pa labi	[pa labi]
to the right	pa labi	[pa labi]
in front (adv)	priekšā	[priɛkʃa:]
front (as adj)	priekšējs	[priɛkʃe:js]
ahead (the kids ran ~)	uz priekšu	[uz priɛkʃu]
behind (adv)	mugurpusē	[mugurpuse:]
from behind	no mugurpuses	[nɔ mugurpuses]
back (towards the rear)	atpakaļ	[atpakalʲ]
middle	vidus (v)	[vidus]
in the middle	vidū	[vidu:]
at the side	sānis	[sa:nis]
everywhere (adv)	visur	[visur]
around (in all directions)	apkārt	[apka:rt]
from inside	no iekšpuses	[nɔ iɛkʃpuses]
somewhere (to go)	kaut kur	[kaut kur]
straight (directly)	taisni	[taisni]
back (e.g. come ~)	atpakaļ	[atpakalʲ]
from anywhere	no kaut kurienes	[nɔ kaut kuriɛnes]
from somewhere	nez no kurienes	[nez nɔ kuriɛnes]
firstly (adv)	pirmkārt	[pirmka:rt]
secondly (adv)	otrkārt	[ɔtrka:rt]
thirdly (adv)	treškārt	[treʃka:rt]
suddenly (adv)	pēkšņi	[pe:kʃɲi]
at first (in the beginning)	sākumā	[sa:kuma:]
for the first time	pirmo reizi	[pirmɔ rɛizi]
long before ...	ilgu laiku pirms ...	[ilgu laiku pirms ...]
anew (over again)	no jauna	[nɔ jauna]
for good (adv)	uz visiem laikiem	[uz visiɛm laikiɛm]
never (adv)	nekad	[nɛkad]
again (adv)	atkal	[atkal]
now (at present)	tagad	[tagad]
often (adv)	bieži	[biɛʒi]
then (adv)	tad	[tad]
urgently (quickly)	steidzami	[stɛidzami]
usually (adv)	parasti	[parasti]
by the way, ...	starp citu ...	[starp tsitu ...]
possibly	iespējams	[iɛspe:jams]
probably (adv)	ticams	[titsams]

maybe (adv)	varbūt	[varbu:t]
besides ...	turklāt, ...	[turkla:t, ...]
that's why ...	tādēļ ...	[ta:de:lʲ ...]
in spite of ...	neskatoties uz ...	[neskatɔties uz ...]
thanks to ...	pateicoties ...	[patɛitsɔties ...]

what (pron.)	kas	[kas]
that (conj.)	kas	[kas]
something	kaut kas	[kaut kas]
anything (something)	kaut kas	[kaut kas]
nothing	nekas	[nɛkas]

who (pron.)	kas	[kas]
someone	kāds	[ka:ds]
somebody	kāds	[ka:ds]

nobody	neviens	[neviɛns]
nowhere (a voyage to ~)	nekur	[nɛkur]
nobody's	neviena	[neviɛna]
somebody's	kāda	[ka:da]

so (I'm ~ glad)	tā	[ta:]
also (as well)	tāpat	[ta:pat]
too (as well)	arī	[ari:]

18. Function words. Adverbs. Part 2

Why?	Kāpēc?	[ka:pe:ts?]
for some reason	nez kāpēc	[nez ka:pe:ts]
because ...	tāpēc ka ...	[ta:pe:ts ka ...]
for some purpose	nez kādēļ	[nez ka:de:lʲ]

and	un	[un]
or	vai	[vai]
but	bet	[bet]
for (e.g. ~ me)	priekš	[priɛkʃ]

too (excessively)	pārāk	[pa:ra:k]
only (exclusively)	tikai	[tikai]
exactly (adv)	tieši	[tiɛʃi]
about (more or less)	apmēram	[apmɛ:ram]

approximately (adv)	aptuveni	[aptuveni]
approximate (adj)	aptuvens	[aptuvens]
almost (adv)	gandrīz	[gandri:z]
the rest	pārējais	[pa:re:jais]

the other (second)	cits	[tsits]
other (different)	cits	[tsits]
each (adj)	katrs	[katrs]
any (no matter which)	jebkurš	[jebkurʃ]
many, much (a lot of)	daudz	[daudz]
many people	daudzi	[daudzi]
all (everyone)	visi	[visi]

23

in return for ...	apmaiņā pret ...	[apmaiɲa: pret ...]
in exchange (adv)	pretī	[preti:]
by hand (made)	ar rokām	[ar rɔka:m]
hardly (negative opinion)	diez vai	[diɛz vai]

probably (adv)	laikam	[laikam]
on purpose (intentionally)	tīšām	[ti:ʃa:m]
by accident (adv)	nejauši	[nejauʃi]

very (adv)	ļoti	[lʲɔti]
for example (adv)	piemēram	[piɛmɛ:ram]
between	starp	[starp]
among	vidū	[vidu:]
so much (such a lot)	tik daudz	[tik daudz]
especially (adv)	īpaši	[i:paʃi]

Basic concepts. Part 2

19. Weekdays

Monday	pirmdiena (s)	[pirmdiɛna]
Tuesday	otrdiena (s)	[ɔtrdiɛna]
Wednesday	trešdiena (s)	[treʃdiɛna]
Thursday	ceturtdiena (s)	[tsɛturtdiɛna]
Friday	piektdiena (s)	[piɛktdiɛna]
Saturday	sestdiena (s)	[sestdiɛna]
Sunday	svētdiena (s)	[sve:tdiɛna]

today (adv)	šodien	[ʃɔdiɛn]
tomorrow (adv)	rīt	[ri:t]
the day after tomorrow	parīt	[pari:t]
yesterday (adv)	vakar	[vakar]
the day before yesterday	aizvakar	[aizvakar]

day	diena (s)	[diɛna]
working day	darba diena (s)	[darba diɛna]
public holiday	svētku diena (s)	[sve:tku diɛna]
day off	brīvdiena (s)	[bri:vdiɛna]
weekend	brīvdienas (s dsk)	[bri:vdiɛnas]

all day long	visa diena	[visa diɛna]
the next day (adv)	nākamajā dienā	[na:kamaja: diɛna:]
two days ago	pirms divām dienām	[pirms diva:m diɛna:m]
the day before	dienu iepriekš	[diɛnu iɛpriɛkʃ]
daily (adj)	ikdienas	[igdiɛnas]
every day (adv)	katru dienu	[katru diɛnu]

week	nedēļa (s)	[nɛdɛ:ʎa]
last week (adv)	pagājušajā nedēļā	[paga:juʃaja: nɛdɛ:ʎa:]
next week (adv)	nākamajā nedēļā	[na:kamaja: nɛdɛ:ʎa:]
weekly (adj)	iknedēļas	[iknɛdɛ:ʎas]
every week (adv)	katru nedēļu	[katru nɛdɛ:ʎu]
twice a week	divas reizes nedēļā	[divas rɛizes nɛdɛ:ʎa:]
every Tuesday	katru otrdienu	[katru ɔtrdiɛnu]

20. Hours. Day and night

morning	rīts (v)	[ri:ts]
in the morning	no rīta	[nɔ ri:ta]
noon, midday	pusdiena (s)	[pusdiɛna]
in the afternoon	pēcpusdienā	[pe:tspusdiɛna:]

evening	vakars (v)	[vakars]
in the evening	vakarā	[vakara:]

night	nakts (s)	[nakts]
at night	naktī	[nakti:]
midnight	pusnakts (s)	[pusnakts]

second	sekunde (s)	[sɛkunde]
minute	minūte (s)	[minu:te]
hour	stunda (s)	[stunda]
half an hour	pusstunda	[pustunda]
a quarter-hour	stundas ceturksnis (v)	[stundas tsɛturksnis]
fifteen minutes	piecpadsmit minūtes	[piɛtspadsmit minu:tes]
24 hours	diennakts (s)	[diɛnnakts]

sunrise	saullēkts (v)	[saulle:kts]
dawn	rītausma (s)	[ri:tausma]
early morning	agrs rīts (v)	[agrs ri:ts]
sunset	saulriets (v)	[saulriɛts]

early in the morning	agri no rīta	[agri nɔ ri:ta]
this morning	šorīt	[ʃori:t]
tomorrow morning	rīt no rīta	[ri:t nɔ ri:ta]

this afternoon	šodien	[ʃodiɛn]
in the afternoon	pēcpusdienā	[pe:tspusdiɛna:]
tomorrow afternoon	rīt pēcpusdienā	[ri:t pe:tspusdiɛna:]

tonight (this evening)	šovakar	[ʃovakar]
tomorrow night	rītvakar	[ri:tvakar]

at 3 o'clock sharp	tieši trijos	[tiɛʃi trijɔs]
about 4 o'clock	ap četriem	[ap tʃetriɛm]
by 12 o'clock	ap divpadsmitiem	[ap divpadsmitiɛm]

in 20 minutes	pēc divdesmit minūtēm	[pe:ts divdesmit minu:te:m]
in an hour	pēc stundas	[pe:ts stundas]
on time (adv)	laikā	[laika:]

a quarter to ...	bez ceturkšņa ...	[bez tsɛturkʃɲa ...]
within an hour	stundas laikā	[stundas laika:]
every 15 minutes	katras piecpadsmit minūtes	[katras piɛtspadsmit minu:tes]
round the clock	caurām dienām	[tsaura:m diɛna:m]

21. Months. Seasons

January	janvāris (v)	[janva:ris]
February	februāris (v)	[februa:ris]
March	marts (v)	[marts]
April	aprīlis (v)	[apri:lis]
May	maijs (v)	[maijs]
June	jūnijs (v)	[ju:nijs]

July	jūlijs (v)	[ju:lijs]
August	augusts (v)	[augusts]

September	septembris (v)	[septembris]
October	oktobris (v)	[ɔktɔbris]
November	novembris (v)	[nɔvembris]
December	decembris (v)	[detsembris]
spring	pavasaris (v)	[pavasaris]
in spring	pavasarī	[pavasari:]
spring (as adj)	pavasara	[pavasara]
summer	vasara (s)	[vasara]
in summer	vasarā	[vasara:]
summer (as adj)	vasaras	[vasaras]
autumn	rudens (v)	[rudens]
in autumn	rudenī	[rudeni:]
autumn (as adj)	rudens	[rudens]
winter	ziema (s)	[ziɛma]
in winter	ziemā	[ziɛma:]
winter (as adj)	ziemas	[ziɛmas]
month	mēnesis (v)	[mɛ:nesis]
this month	šomēnes	[ʃomɛ:nes]
next month	nākamajā mēnesī	[na:kamaja: mɛ:nesi:]
last month	pagājušajā mēnesī	[paga:juʃaja: mɛ:nesi:]
a month ago	pirms mēneša	[pirms mɛ:neʃa]
in a month (a month later)	pēc mēneša	[pe:ts mɛ:neʃa]
in 2 months (2 months later)	pēc diviem mēnešiem	[pe:ts diviɛm mɛ:neʃiɛm]
the whole month	visu mēnesi	[visu mɛ:nesi]
all month long	veselu mēnesi	[vesɛlu mɛ:nesi]
monthly (~ magazine)	ikmēneša	[ikmɛ:neʃa]
monthly (adv)	ik mēnesi	[ik mɛ:nesi]
every month	katru mēnesi	[katru mɛ:nesi]
twice a month	divas reizes mēnesī	[divas rɛizes mɛ:nesi:]
year	gads (v)	[gads]
this year	šogad	[ʃogad]
next year	nākamajā gadā	[na:kamaja: gada:]
last year	pagājušajā gadā	[paga:juʃaja: gada:]
a year ago	pirms gada	[pirms gada]
in a year	pēc gada	[pe:ts gada]
in two years	pēc diviem gadiem	[pe:ts diviɛm gadiɛm]
the whole year	visu gadu	[visu gadu]
all year long	veselu gadu	[vesɛlu gadu]
every year	katru gadu	[katru gadu]
annual (adj)	ikgadējs	[ikgade:js]
annually (adv)	ik gadu	[ik gadu]
4 times a year	četras reizes gadā	[tʃetras rɛizes gada:]
date (e.g. today's ~)	datums (v)	[datums]
date (e.g. ~ of birth)	datums (v)	[datums]
calendar	kalendārs (v)	[kalenda:rs]

27

half a year	pusgads	[pusgads]
six months	pusgads (v)	[pusgads]
season (summer, etc.)	gadalaiks (v)	[gadalaiks]
century	gadsimts (v)	[gadsimts]

22. Units of measurement

weight	svars (v)	[svars]
length	garums (v)	[garums]
width	platums (v)	[platums]
height	augstums (v)	[augstums]
depth	dziļums (v)	[dziḷums]
volume	apjoms (v)	[apjoms]
area	laukums (v)	[laukums]

gram	grams (v)	[grams]
milligram	miligrams (v)	[miligrams]
kilogram	kilograms (v)	[kilograms]
ton	tonna (s)	[tɔnna]
pound	mārciņa (s)	[maːrtsiɲa]
ounce	unce (s)	[untse]

metre	metrs (v)	[metrs]
millimetre	milimetrs (v)	[milimetrs]
centimetre	centimetrs (v)	[tsentimetrs]
kilometre	kilometrs (v)	[kilɔmetrs]
mile	jūdze (s)	[juːdze]

inch	colla (s)	[tsɔlla]
foot	pēda (s)	[pɛːda]
yard	jards (v)	[jards]
square metre	kvadrātmetrs (v)	[kvadraːtmetrs]
hectare	hektārs (v)	[xektaːrs]

litre	litrs (v)	[litrs]
degree	grāds (v)	[graːds]
volt	volts (v)	[vɔlts]
ampere	ampērs (v)	[ampɛːrs]
horsepower	zirgspēks (v)	[zirgspeːks]

quantity	daudzums (v)	[daudzums]
a little bit of ...	nedaudz ...	[nɛdaudz ...]
half	puse (s)	[puse]
dozen	ducis (v)	[dutsis]
piece (item)	gabals (v)	[gabals]

size	izmērs (v)	[izmɛːrs]
scale (map ~)	mērogs (v)	[meːrɔgs]

minimal (adj)	minimāls	[minimaːls]
the smallest (adj)	vismazākais	[vismazaːkais]
medium (adj)	vidējs	[videːjs]
maximal (adj)	maksimāls	[maksimaːls]
the largest (adj)	vislielākais	[visliɛlaːkais]

23. Containers

canning jar (glass ~)	**burka** (s)	[burka]
tin, can	**bundža** (s)	[bundʒa]
bucket	**spainis** (v)	[spainis]
barrel	**muca** (s)	[mutsa]

wash basin (e.g., plastic ~)	**bļoda** (s)	[blʲɔda]
tank (100L water ~)	**tvertne** (s)	[tvertne]
hip flask	**blašķe** (s)	[blaʃtʲe]
jerrycan	**kanna** (s)	[kanna]
tank (e.g., tank car)	**cisterna** (s)	[tsisterna]

mug	**krūze** (s)	[kru:ze]
cup (of coffee, etc.)	**tase** (s)	[tase]
saucer	**apakštase** (s)	[apakʃtase]
glass (tumbler)	**glāze** (s)	[gla:ze]
wine glass	**pokāls** (v)	[pɔka:ls]
stock pot (soup pot)	**kastrolis** (v)	[kastrɔlis]

bottle (~ of wine)	**pudele** (s)	[pudɛle]
neck (of the bottle, etc.)	**kakliņš** (v)	[kakliɲʃ]

carafe (decanter)	**karafe** (s)	[karafe]
pitcher	**krūka** (s)	[kru:ka]
vessel (container)	**trauks** (v)	[trauks]
pot (crock, stoneware ~)	**pods** (v)	[pɔds]
vase	**vāze** (s)	[va:ze]

flacon, bottle (perfume ~)	**flakons** (v)	[flakɔns]
vial, small bottle	**pudelīte** (s)	[pudeli:te]
tube (of toothpaste)	**tūbiņa** (s)	[tu:biɲa]

sack (bag)	**maiss** (v)	[mais]
bag (paper ~, plastic ~)	**maisiņš** (v)	[maisiɲʃ]
packet (of cigarettes, etc.)	**paciņa** (s)	[patsiɲa]

box (e.g. shoebox)	**kārba** (s)	[ka:rba]
crate	**kastīte** (s)	[kasti:te]
basket	**grozs** (v)	[grɔzs]

HUMAN BEING

Human being. The body

24. Head

head	**galva** (s)	[galva]
face	**seja** (s)	[seja]
nose	**deguns** (v)	[dɛguns]
mouth	**mute** (s)	[mute]
eye	**acs** (s)	[ats]
eyes	**acis** (s dsk)	[atsis]
pupil	**acs zīlīte** (s)	[ats ziːliːte]
eyebrow	**uzacs** (s)	[uzats]
eyelash	**skropsta** (s)	[skrɔpsta]
eyelid	**plakstiņš** (v)	[plakstiɲʃ]
tongue	**mēle** (s)	[mɛːle]
tooth	**zobs** (v)	[zɔbs]
lips	**lūpas** (s dsk)	[luːpas]
cheekbones	**vaigu kauli** (v dsk)	[vaigu kauli]
gum	**smaganas** (s dsk)	[smaganas]
palate	**aukslējas** (s dsk)	[auksleːjas]
nostrils	**nāsis** (s dsk)	[naːsis]
chin	**zods** (v)	[zɔds]
jaw	**žoklis** (v)	[ʒɔklis]
cheek	**vaigs** (v)	[vaigs]
forehead	**piere** (s)	[piɛre]
temple	**deniņi** (v dsk)	[deniɲi]
ear	**auss** (s)	[aus]
back of the head	**pakausis** (v)	[pakausis]
neck	**kakls** (v)	[kakls]
throat	**rīkle** (s)	[riːkle]
hair	**mati** (v dsk)	[mati]
hairstyle	**frizūra** (s)	[frizuːra]
haircut	**matu griezums** (v)	[matu griɛzums]
wig	**parūka** (s)	[paruːka]
moustache	**ūsas** (s dsk)	[uːsas]
beard	**bārda** (s)	[baːrda]
to have (a beard, etc.)	**ir**	[ir]
plait	**bize** (s)	[bize]
sideboards	**vaigubārda** (s)	[vaigubaːrda]
red-haired (adj)	**ruds**	[ruds]
grey (hair)	**sirms**	[sirms]

| bald (adj) | plikgalvains | [plikgalvains] |
| bald patch | plika galva (s) | [plika galva] |

| ponytail | zirgaste (s) | [zirgaste] |
| fringe | mati uz pieres (v) | [mati uz piɛres] |

25. Human body

| hand | delna (s) | [delna] |
| arm | roka (s) | [rɔka] |

finger	pirksts (v)	[pirksts]
toe	kājas īkšķis (v)	[ka:jas i:kʃtʲis]
thumb	īkšķis (v)	[i:kʃtʲis]
little finger	mazais pirkstiņš (v)	[mazais pirkstiɲʃ]
nail	nags (v)	[nags]

fist	dūre (s)	[du:re]
palm	plauksta (s)	[plauksta]
wrist	plaukstas locītava (s)	[plaukstas lɔtsi:tava]
forearm	apakšdelms (v)	[apakʃdelms]
elbow	elkonis (v)	[elkɔnis]
shoulder	augšdelms (v)	[augʃdelms]

leg	kāja (s)	[ka:ja]
foot	pēda (s)	[pɛ:da]
knee	celis (v)	[tselis]
calf	apakšstilbs (v)	[apakʃstilbs]
hip	gurns (v)	[gurns]
heel	papēdis (v)	[pape:dis]

body	ķermenis (v)	[tʲermenis]
stomach	vēders (v)	[vɛ:dɛrs]
chest	krūškurvis (v)	[kru:ʃkurvis]
breast	krūts (s)	[kru:ts]
flank	sāns (v)	[sa:ns]
back	mugura (s)	[mugura]
lower back	krusti (v dsk)	[krusti]
waist	viduklis (v)	[viduklis]

navel (belly button)	naba (s)	[naba]
buttocks	gūžas (s dsk)	[gu:ʒas]
bottom	dibens (v)	[dibens]

beauty spot	dzimumzīme (s)	[dzimumzi:me]
birthmark (café au lait spot)	dzimumzīme (s)	[dzimumzi:me]
tattoo	tetovējums (v)	[tetove:jums]
scar	rēta (s)	[rɛ:ta]

31

Clothing & Accessories

26. Outerwear. Coats

clothes	apģērbs (v)	[apdʲeːrbs]
outerwear	virsdrēbes (s dsk)	[virsdrɛːbes]
winter clothing	ziemas drēbes (s dsk)	[ziɛmas drɛːbes]
coat (overcoat)	mētelis (v)	[mɛːtelis]
fur coat	kažoks (v)	[kaʒɔks]
fur jacket	puskažoks (v)	[puskaʒɔks]
down coat	dūnu mētelis (v)	[duːnu mɛːtelis]
jacket (e.g. leather ~)	jaka (s)	[jaka]
raincoat (trenchcoat, etc.)	apmetnis (v)	[apmetnis]
waterproof (adj)	ūdensnecaurlaidīgs	[uːdensnetsaurlaidiːgs]

27. Men's & women's clothing

shirt (button shirt)	krekls (v)	[krekls]
trousers	bikses (s dsk)	[bikses]
jeans	džinsi (v dsk)	[ʤinsi]
suit jacket	žakete (s)	[ʒakɛte]
suit	uzvalks (v)	[uzvalks]
dress (frock)	kleita (s)	[klɛita]
skirt	svārki (v dsk)	[svaːrki]
blouse	blūze (s)	[bluːze]
knitted jacket (cardigan, etc.)	vilnaina jaka (s)	[vilnaina jaka]
jacket (of a woman's suit)	žakete (s)	[ʒakɛte]
T-shirt	sporta krekls (v)	[sporta krekls]
shorts (short trousers)	šorti (v dsk)	[ʃorti]
tracksuit	sporta tērps (v)	[sporta teːrps]
bathrobe	halāts (v)	[xalaːts]
pyjamas	pidžama (s)	[piʤama]
jumper (sweater)	svīteris (v)	[sviːteris]
pullover	pulovers (v)	[pulɔvɛrs]
waistcoat	veste (s)	[veste]
tailcoat	fraka (s)	[fraka]
dinner suit	smokings (v)	[smɔkiŋgs]
uniform	uniforma (s)	[uniforma]
workwear	darba apģērbs (v)	[darba apdʲeːrbs]
boiler suit	kombinezons (v)	[kombinezɔns]
coat (e.g. doctor's smock)	halāts (v)	[xalaːts]

28. Clothing. Underwear

underwear	veļa (s)	[vɛlʲa]
pants	bokseršorti (v dsk)	[bɔksɛrʃɔrti]
panties	biksītes (s dsk)	[biksi:tes]
vest (singlet)	apakškrekls (v)	[apakʃkrekls]
socks	zeķes (s dsk)	[zɛtʲes]
nightdress	naktskrekls (v)	[naktskrekls]
bra	krūšturis (v)	[kru:ʃturis]
knee highs (knee-high socks)	pusgarās zeķes (s dsk)	[pusgara:s zɛtʲes]
tights	zeķubikses (s dsk)	[zɛtʲubikses]
stockings (hold ups)	sieviešu zeķes (s dsk)	[siɛviɛʃu zɛtʲes]
swimsuit, bikini	peldkostīms (v)	[peldkɔsti:ms]

29. Headwear

hat	cepure (s)	[tsɛpure]
trilby hat	platmale (s)	[platmale]
baseball cap	beisbola cepure (s)	[bɛisbɔla tsɛpure]
flatcap	žokejcepure (s)	[ʒɔkejtsɛpure]
beret	berete (s)	[bɛrɛte]
hood	kapuce (s)	[kaputse]
panama hat	panama (s)	[panama]
knit cap (knitted hat)	adīta cepurīte (s)	[adi:ta tsɛpuri:te]
headscarf	lakats (v)	[lakats]
women's hat	cepurīte (s)	[tsɛpuri:te]
hard hat	ķivere (s)	[tʲivɛre]
forage cap	laiviņa (s)	[laiviɲa]
helmet	bruņu cepure (s)	[bruɲu tsɛpure]
bowler	katliņš (v)	[katliɲʃ]
top hat	cilindrs (v)	[tsilindrs]

30. Footwear

footwear	apavi (v dsk)	[apavi]
shoes (men's shoes)	puszābaki (v dsk)	[pusza:baki]
shoes (women's shoes)	kurpes (s dsk)	[kurpes]
boots (e.g., cowboy ~)	zābaki (v dsk)	[za:baki]
carpet slippers	čības (s dsk)	[tʃi:bas]
trainers	sporta kurpes (s dsk)	[spɔrta kurpes]
trainers	kedas (s dsk)	[kɛdas]
sandals	sandales (s dsk)	[sandales]
cobbler (shoe repairer)	kurpnieks (v)	[kurpniɛks]
heel	papēdis (v)	[pape:dis]

33

pair (of shoes)	pāris (v)	[pa:ris]
lace (shoelace)	aukla (s)	[aukla]
to lace up (vt)	saitēt	[saite:t]
shoehorn	kurpju velkamais (v)	[kurpju velkamais]
shoe polish	apavu krēms (v)	[apavu kre:ms]

31. Personal accessories

gloves	cimdi (v dsk)	[tsimdi]
mittens	dūraiņi (v dsk)	[du:raiɲi]
scarf (muffler)	šalle (s)	[ʃalle]

glasses	brilles (s dsk)	[brilles]
frame (eyeglass ~)	ietvars (v)	[iɛtvars]
umbrella	lietussargs (v)	[liɛtusargs]
walking stick	spieķis (v)	[spictˡis]
hairbrush	matu suka (s)	[matu suka]
fan	vēdeklis (v)	[vɛ:deklis]

tie (necktie)	kaklasaite (s)	[kaklasaite]
bow tie	tauriņš (v)	[tauriɲʃ]
braces	bikšturi (v dsk)	[bikʃturi]
handkerchief	kabatlakatiņš (v)	[kabatlakatiɲʃ]

comb	ķemme (s)	[tˡemme]
hair slide	matu sprādze (s)	[matu spra:dze]
hairpin	matadata (s)	[matadata]
buckle	sprādze (s)	[spra:dze]

| belt | josta (s) | [jɔsta] |
| shoulder strap | siksna (s) | [siksna] |

bag (handbag)	soma (s)	[sɔma]
handbag	somiņa (s)	[sɔmiɲa]
rucksack	mugursoma (s)	[mugursɔma]

32. Clothing. Miscellaneous

fashion	mode (s)	[mɔde]
in vogue (adj)	moderns	[mɔderns]
fashion designer	modelētājs (v)	[mɔdɛlɛ:ta:js]

collar	apkakle (s)	[apkakle]
pocket	kabata (s)	[kabata]
pocket (as adj)	kabatas	[kabatas]
sleeve	piedurkne (s)	[piɛdurkne]
hanging loop	pakaramais (v)	[pakaramais]
flies (on trousers)	bikšu priekša	[bikʃu priɛkʃa]

zip (fastener)	rāvējslēdzējs (v)	[ra:ve:jsle:dze:js]
fastener	aizdare (s)	[aizdare]
button	poga (s)	[pɔga]

| buttonhole | pogcaurums (v) | [pɔgtsaurums] |
| to come off (ab. button) | atrauties | [atrautiɛs] |

to sew (vi, vt)	šūt	[ʃuːt]
to embroider (vi, vt)	izšūt	[izʃuːt]
embroidery	izšūšana (s)	[izʃuːʃana]
sewing needle	adata (s)	[adata]
thread	diegs (v)	[diɛgs]
seam	šuve (s)	[ʃuve]

to get dirty (vi)	notraipīties	[nɔtraipiːtiɛs]
stain (mark, spot)	traips (v)	[traips]
to crease, to crumple	saburzīties	[saburziːtiɛs]
to tear, to rip (vt)	saplēst	[sapleːst]
clothes moth	kode (s)	[kɔde]

33. Personal care. Cosmetics

toothpaste	zobu pasta (s)	[zɔbu pasta]
toothbrush	zobu suka (s)	[zɔbu suka]
to clean one's teeth	tīrīt zobus	[tiːriːt zɔbus]

razor	skuveklis (v)	[skuveklis]
shaving cream	skūšanas krēms (v)	[skuːʃanas kreːms]
to shave (vi)	skūties	[skuːtiɛs]

| soap | ziepes (s dsk) | [ziɛpes] |
| shampoo | šampūns (v) | [ʃampuːns] |

scissors	šķēres (s dsk)	[ʃtʲɛːres]
nail file	nagu vīlīte (s)	[nagu viːliːte]
nail clippers	knaiblītes (s dsk)	[knaibliːtes]
tweezers	pincete (s)	[pintsɛte]

cosmetics	kosmētika (s)	[kɔsmeːtika]
face mask	maska (s)	[maska]
manicure	manikīrs (v)	[manikiːrs]
to have a manicure	taisīt manikīru	[taisiːt manikiːru]
pedicure	pedikīrs (v)	[pedikiːrs]

make-up bag	kosmētikas somiņa (s)	[kɔsmeːtikas sɔmiɲa]
face powder	pūderis (v)	[puːderis]
powder compact	pūdernīca (s)	[puːderniːtsa]
blusher	vaigu sārtums (v)	[vaigu saːrtums]

perfume (bottled)	smaržas (s dsk)	[smarʒas]
toilet water (lotion)	tualetes ūdens (v)	[tualɛtes uːdens]
lotion	losjons (v)	[lɔsjɔns]
cologne	odekolons (v)	[ɔdekɔlɔns]

eyeshadow	acu ēnas (s dsk)	[atsu ɛːnas]
eyeliner	acu zīmulis (v)	[atsu ziːmulis]
mascara	skropstu tuša (s)	[skrɔpstu tuʃa]
lipstick	lūpu krāsa (s)	[luːpu kraːsa]

nail polish	nagu laka (s)	[nagu laka]
hair spray	matu laka (s)	[matu laka]
deodorant	dezodorants (v)	[dezɔdɔrants]

cream	krēms (v)	[kre:ms]
face cream	sejas krēms (v)	[sejas kre:ms]
hand cream	rokas krēms (v)	[rɔkas kre:ms]
anti-wrinkle cream	pretgrumbu krēms (v)	[pretgrumbu kre:ms]
day cream	dienas krēms (v)	[diɛnas kre:ms]
night cream	nakts krēms (v)	[nakts kre:ms]
day (as adj)	dienas	[diɛnas]
night (as adj)	nakts	[nakts]

tampon	tampons (v)	[tampɔns]
toilet paper (toilet roll)	tualetes papīrs (v)	[tualɛtes papi:rs]
hair dryer	fēns (v)	[fe:ns]

34. Watches. Clocks

watch (wristwatch)	rokas pulkstenis (v)	[rɔkas pulkstenis]
dial	ciparnīca (s)	[tsiparni:tsa]
hand (clock, watch)	bultiņa (s)	[bultiɲa]
metal bracelet	metāla siksniņa (s)	[mɛta:la siksniɲa]
watch strap	siksniņa (s)	[siksniɲa]

battery	baterija (s)	[baterija]
to be flat (battery)	izlādēties	[izla:de:tiɛs]
to change a battery	nomainīt bateriju	[nɔmaini:t bateriju]
to run fast	steigties	[stɛigtiɛs]
to run slow	atpalikt	[atpalikt]

wall clock	sienas pulkstenis (v)	[siɛnas pulkstenis]
hourglass	smilšu pulkstenis (v)	[smilʃu pulkstenis]
sundial	saules pulkstenis (v)	[saules pulkstenis]
alarm clock	modinātājs (v)	[mɔdina:ta:js]
watchmaker	pulksteņmeistars (v)	[pulksteɲmɛistars]
to repair (vt)	remontēt	[remɔnte:t]

Food. Nutricion

English	Latvian	IPA
meat	gaļa (s)	[gaļʲa]
chicken	vista (s)	[vista]
poussin	cālis (v)	[tsa:lis]
duck	pīle (s)	[pi:le]
goose	zoss (s)	[zɔs]
game	medījums (v)	[medi:jums]
turkey	tītars (v)	[ti:tars]
pork	cūkgaļa (s)	[tsu:kgaļʲa]
veal	teļa gaļa (s)	[tɛlʲa gaļʲa]
lamb	jēra gaļa (s)	[je:ra gaļʲa]
beef	liellopu gaļa (s)	[liɛllɔpu gaļʲa]
rabbit	trusis (v)	[trusis]
sausage (bologna, etc.)	desa (s)	[dɛsa]
vienna sausage (frankfurter)	cīsiņš (v)	[tsi:siɲʃ]
bacon	bekons (v)	[bekɔns]
ham	šķiņķis (v)	[ʃtʲiɲtʲis]
gammon	šķiņķis (v)	[ʃtʲiɲtʲis]
pâté	pastēte (s)	[pastɛ:te]
liver	aknas (s dsk)	[aknas]
mince (minced meat)	malta gaļa (s)	[malta gaļʲa]
tongue	mēle (s)	[mɛ:le]
egg	ola (s)	[ɔla]
eggs	olas (s dsk)	[ɔlas]
egg white	baltums (v)	[baltums]
egg yolk	dzeltenums (v)	[dzeltenums]
fish	zivs (s)	[zivs]
seafood	jūras produkti (v dsk)	[ju:ras prɔdukti]
crustaceans	vēžveidīgie (v dsk)	[ve:ʒvɛidi:giɛ]
caviar	ikri (v dsk)	[ikri]
crab	krabis (v)	[krabis]
prawn	garnele (s)	[garnɛle]
oyster	austere (s)	[austɛre]
spiny lobster	langusts (v)	[laŋgusts]
octopus	astoņkājis (v)	[astɔŋka:jis]
squid	kalmārs (v)	[kalma:rs]
sturgeon	store (s)	[stɔre]
salmon	lasis (v)	[lasis]
halibut	āte (s)	[a:te]
cod	menca (s)	[mentsa]

mackerel	skumbrija (s)	[skumbrija]
tuna	tuncis (v)	[tuntsis]
eel	zutis (v)	[zutis]

trout	forele (s)	[forɛle]
sardine	sardīne (s)	[sardi:ne]
pike	līdaka (s)	[li:daka]
herring	siļķe (s)	[silʲtʲe]

bread	maize (s)	[maize]
cheese	siers (v)	[siɛrs]
sugar	cukurs (v)	[tsukurs]
salt	sāls (v)	[sa:ls]

rice	rīsi (v dsk)	[ri:si]
pasta (macaroni)	makaroni (v dsk)	[makarɔni]
noodles	nūdeles (s dsk)	[nu:dɛles]

butter	sviests (v)	[sviɛsts]
vegetable oil	augu eļļa (s)	[augu elʲʲa]
sunflower oil	saulespuķu eļļa (s)	[saulesputʲu elʲʲa]
margarine	margarīns (v)	[margari:ns]

| olives | olīvas (s dsk) | [ɔli:vas] |
| olive oil | olīveļļa (s) | [ɔli:velʲʲa] |

milk	piens (v)	[piɛns]
condensed milk	kondensētais piens (v)	[kɔndensɛ:tais piɛns]
yogurt	jogurts (v)	[jɔgurts]
soured cream	krējums (v)	[kre:jums]
cream (of milk)	salds krējums (v)	[salds kre:jums]

| mayonnaise | majonēze (s) | [majɔnɛ:ze] |
| buttercream | krēms (v) | [kre:ms] |

groats (barley ~, etc.)	putraimi (v dsk)	[putraimi]
flour	milti (v dsk)	[milti]
tinned food	konservi (v dsk)	[kɔnservi]

cornflakes	kukurūzas pārslas (s dsk)	[kukuru:zas pa:rslas]
honey	medus (v)	[mɛdus]
jam	džems, ievārījums (v)	[dʒems], [iɛva:ri:jums]
chewing gum	košļājamā gumija (s)	[kɔʃlʲa:jama: gumija]

36. Drinks

water	ūdens (v)	[u:dens]
drinking water	dzeramais ūdens (v)	[dzɛramais u:dens]
mineral water	minerālūdens (v)	[minɛra:lu:dens]

still (adj)	negāzēts	[nɛga:ze:ts]
carbonated (adj)	gāzēts	[ga:ze:ts]
sparkling (adj)	dzirkstošs	[dzirkstɔʃs]
ice	ledus (v)	[lɛdus]

with ice	ar ledu	[ar lɛdu]
non-alcoholic (adj)	bezalkoholisks	[bɛzalkɔxɔlisks]
soft drink	bezalkoholiskais dzēriens (v)	[bɛzalkɔxɔliskais dze:riɛns]
refreshing drink	atspirdzinošs dzēriens (v)	[atspirdzinɔʃs dze:riɛns]
lemonade	limonāde (s)	[limɔna:de]

spirits	alkoholiskie dzērieni (v dsk)	[alkɔxɔliskiɛ dze:riɛni]
wine	vīns (v)	[vi:ns]
white wine	baltvīns (v)	[baltvi:ns]
red wine	sarkanvīns (v)	[sarkanvi:ns]

liqueur	liķieris (v)	[litʲiɛris]
champagne	šampanietis (v)	[ʃampaniɛtis]
vermouth	vermuts (v)	[vermuts]

whisky	viskijs (v)	[viskijs]
vodka	degvīns (v)	[degvi:ns]
gin	džins (v)	[dʒins]
cognac	konjaks (v)	[kɔnjaks]
rum	rums (v)	[rums]

coffee	kafija (s)	[kafija]
black coffee	melnā kafija (s)	[melna: kafija]
white coffee	kafija (s) ar pienu	[kafija ar piɛnu]
cappuccino	kapučīno (v)	[kaputʃi:nɔ]
instant coffee	šķīstošā kafija (s)	[ʃtʲi:stɔʃa: kafija]

milk	piens (v)	[piɛns]
cocktail	kokteilis (v)	[kɔktɛilis]
milkshake	piena kokteilis (v)	[piɛna kɔktɛilis]

juice	sula (s)	[sula]
tomato juice	tomātu sula (s)	[tɔma:tu sula]
orange juice	apelsīnu sula (s)	[apɛlsi:nu sula]
freshly squeezed juice	svaigi spiesta sula (s)	[svaigi spiɛsta sula]

beer	alus (v)	[alus]
lager	gaišais alus (v)	[gaiʃais alus]
bitter	tumšais alus (v)	[tumʃais alus]

tea	tēja (s)	[te:ja]
black tea	melnā tēja (s)	[melna: te:ja]
green tea	zaļā tēja (s)	[zalʲa: te:ja]

37. Vegetables

vegetables	dārzeņi (v dsk)	[da:rzeɲi]
greens	zaļumi (v dsk)	[zalʲumi]

tomato	tomāts (v)	[tɔma:ts]
cucumber	gurķis (v)	[gurtʲis]
carrot	burkāns (v)	[burka:ns]
potato	kartupelis (v)	[kartupelis]

| onion | sīpols (v) | [si:pɔls] |
| garlic | ķiploks (v) | [tʲiplɔks] |

cabbage	kāposti (v dsk)	[ka:pɔsti]
cauliflower	puķkāposti (v dsk)	[putʲka:pɔsti]
Brussels sprouts	Briseles kāposti (v dsk)	[brisɛles ka:pɔsti]
broccoli	brokolis (v)	[brɔkɔlis]

beetroot	biete (s)	[biɛte]
aubergine	baklažāns (v)	[baklaʒa:ns]
courgette	kabacis (v)	[kabatsis]
pumpkin	ķirbis (v)	[tʲirbis]
turnip	rācenis (v)	[ra:tsenis]

parsley	pētersīlis (v)	[pɛ:tɛrsi:lis]
dill	dilles (s dsk)	[dilles]
lettuce	dārza salāti (v dsk)	[da:rza sala:ti]
celery	selerija (s)	[sɛlerija]
asparagus	sparģelis (v)	[spardʲelis]
spinach	spināti (v dsk)	[spina:ti]

pea	zirnis (v)	[zirnis]
beans	pupas (s dsk)	[pupas]
maize	kukurūza (s)	[kukuru:za]
kidney bean	pupiņas (s dsk)	[pupiɲas]

sweet paper	graudu pipars (v)	[graudu pipars]
radish	redīss (v)	[redi:s]
artichoke	artišoks (v)	[artiʃɔks]

38. Fruits. Nuts

fruit	auglis (v)	[auglis]
apple	ābols (v)	[a:bɔls]
pear	bumbieris (v)	[bumbiɛris]
lemon	citrons (v)	[tsitrɔns]
orange	apelsīns (v)	[apɛlsi:ns]
strawberry (garden ~)	zemene (s)	[zɛmɛne]

tangerine	mandarīns (v)	[mandari:ns]
plum	plūme (s)	[plu:me]
peach	persiks (v)	[pɛrsiks]
apricot	aprikoze (s)	[aprikɔze]
raspberry	avene (s)	[avɛne]
pineapple	ananāss (v)	[anana:s]

banana	banāns (v)	[bana:ns]
watermelon	arbūzs (v)	[arbu:zs]
grape	vīnoga (s)	[vi:nɔga]
sour cherry	skābais ķirsis (v)	[ska:bais tʲirsis]
sweet cherry	saldais ķirsis (v)	[saldais tʲirsis]
melon	melone (s)	[melɔne]
grapefruit	greipfrūts (v)	[grɛipfru:ts]
avocado	avokado (v)	[avɔkadɔ]

papaya	papaija (s)	[papaija]
mango	mango (v)	[maŋgɔ]
pomegranate	granātābols (v)	[grana:ta:bɔls]

redcurrant	sarkanā jāņoga (s)	[sarkana: ja:ɲɔga]
blackcurrant	upene (s)	[upɛne]
gooseberry	ērkšķoga (s)	[e:rkʃtˡɔga]
bilberry	mellene (s)	[mellɛne]
blackberry	kazene (s)	[kazɛne]

raisin	rozīne (s)	[rɔzi:ne]
fig	vīģe (s)	[vi:dʲe]
date	datele (s)	[datɛle]

peanut	zemesrieksts (v)	[zɛmesriɛksts]
almond	mandeles (s dsk)	[mandɛles]
walnut	valrieksts (v)	[valriɛksts]
hazelnut	lazdu rieksts (v)	[lazdu riɛksts]
coconut	kokosrieksts (v)	[kɔkɔsriɛksts]
pistachios	pistācijas (s dsk)	[pista:tsijas]

39. Bread. Sweets

bakers' confectionery (pastry)	konditorejas izstrādājumi (v dsk)	[kɔnditɔrejas izstra:da:jumi]
bread	maize (s)	[maize]
biscuits	cepumi (v dsk)	[tsɛpumi]

chocolate (n)	šokolāde (s)	[ʃɔkɔla:de]
chocolate (as adj)	šokolādes	[ʃɔkɔla:des]
candy (wrapped)	konfekte (s)	[kɔnfekte]
cake (e.g. cupcake)	kūka (s)	[ku:ka]
cake (e.g. birthday ~)	torte (s)	[tɔrte]

| pio (e.g. apple ~) | pīrāgs (v) | [pi:ra:gs] |
| filling (for cake, pie) | pildījums (v) | [pildi:jums] |

jam (whole fruit jam)	ievārījums (v)	[iɛva:ri:jums]
marmalade	marmelāde (s)	[marmɛla:de]
wafers	vafeles (s dsk)	[vafɛles]
ice-cream	saldējums (v)	[salde:jums]
pudding (Christmas ~)	pudiņš (v)	[pudiɲʃ]

40. Cooked dishes

course, dish	ēdiens (v)	[e:diɛns]
cuisine	virtuve (s)	[virtuve]
recipe	recepte (s)	[retsepte]
portion	porcija (s)	[pɔrtsija]

| salad | salāti (v dsk) | [sala:ti] |
| soup | zupa (s) | [zupa] |

clear soup (broth)	buljons (v)	[buljɔns]
sandwich (bread)	sviestmaize (s)	[sviɛstmaize]
fried eggs	ceptas olas (s dsk)	[tseptas ɔlas]

| hamburger (beefburger) | hamburgers (v) | [xamburgɛrs] |
| beefsteak | bifšteks (v) | [bifʃteks] |

side dish	piedeva (s)	[piɛdɛva]
spaghetti	spageti (v dsk)	[spageti]
mash	kartupeļu biezenis (v)	[kartupɛlʲu biɛzenis]
pizza	pica (s)	[pitsa]
porridge (oatmeal, etc.)	biezputra (s)	[biɛzputra]
omelette	omlete (s)	[ɔmlɛte]

boiled (e.g. ~ beef)	vārīts	[vaːriːts]
smoked (adj)	kūpināts	[kuːpinaːts]
fried (adj)	cepts	[tsepts]
dried (adj)	žāvēts	[ʒaːveːts]
frozen (adj)	sasaldēts	[sasaldeːts]
pickled (adj)	marinēts	[marineːts]

sweet (sugary)	salds	[salds]
salty (adj)	sāļš	[saːlʲʃ]
cold (adj)	auksts	[auksts]
hot (adj)	karsts	[karsts]
bitter (adj)	rūgts	[ruːgts]
tasty (adj)	garšīgs	[garʃiːgs]

to cook in boiling water	vārīt	[vaːriːt]
to cook (dinner)	gatavot	[gatavɔt]
to fry (vt)	cept	[tsept]
to heat up (food)	uzsildīt	[uzsildiːt]

to salt (vt)	piebērt sāli	[piɛbeːrt saːli]
to pepper (vt)	piparot	[piparɔt]
to grate (vt)	rīvēt	[riːveːt]
peel (n)	miza (s)	[miza]
to peel (vt)	mizot	[mizɔt]

41. Spices

salt	sāls (v)	[saːls]
salty (adj)	sāļš	[saːlʲʃ]
to salt (vt)	piebērt sāli	[piɛbeːrt saːli]

black pepper	melnie pipari (v dsk)	[melniɛ pipari]
red pepper (milled ~)	paprika (s)	[paprika]
mustard	sinepes (s dsk)	[sinɛpes]
horseradish	mārrutki (v dsk)	[maːrrutki]

condiment	piedeva (s)	[piɛdɛva]
spice	garšviela (s)	[garʃviɛla]
sauce	mērce (s)	[meːrtse]
vinegar	etiķis (v)	[ɛtitʲis]

anise	anīss (v)	[aniːs]
basil	baziliks (v)	[baziliks]
cloves	krustnagliņas (s dsk)	[krustnagliɲas]
ginger	ingvers (v)	[iŋgvɛrs]
coriander	koriandrs (v)	[kɔriandrs]
cinnamon	kanēlis (v)	[kaneːlis]

sesame	sezams (v)	[sɛzams]
bay leaf	lauru lapa (s)	[lauru lapa]
paprika	paprika (s)	[paprika]
caraway	ķimenes (s dsk)	[tʲimɛnes]
saffron	safrāns (v)	[safraːns]

42. Meals

| food | ēdiens (v) | [eːdiɛns] |
| to eat (vi, vt) | ēst | [ɛːst] |

breakfast	brokastis (s dsk)	[brɔkastis]
to have breakfast	brokastot	[brɔkastɔt]
lunch	pusdienas (s dsk)	[pusdiɛnas]
to have lunch	pusdienot	[pusdiɛnɔt]
dinner	vakariņas (s dsk)	[vakariɲas]
to have dinner	vakariņot	[vakariɲɔt]

| appetite | apetīte (s) | [apetiːte] |
| Enjoy your meal! | Labu apetīti! | [labu apetiːti!] |

to open (~ a bottle)	atvērt	[atveːrt]
to spill (liquid)	izliet	[izliɛt]
to spill out (vi)	izlieties	[izliɛtiɛs]

to boil (vi)	vārīties	[vaːriːtiɛs]
to boil (vt)	vārīt	[vaːriːt]
boiled (~ water)	vārīts	[vaːriˑts]
to chill, cool down (vt)	atdzesēt	[atdzɛseːt]
to chill (vi)	atdzesēties	[atdzɛseːtiɛs]

| taste, flavour | garša (s) | [garʃa] |
| aftertaste | piegarša (s) | [piɛgarʃa] |

to slim down (lose weight)	tievēt	[tiɛveːt]
diet	diēta (s)	[diɛːta]
vitamin	vitamīns (v)	[vitamiːns]
calorie	kalorija (s)	[kalɔrija]
vegetarian (n)	veģetārietis (v)	[vɛdʲɛtaːriɛtis]
vegetarian (adj)	veģetāriešu	[vɛdʲɛtaːriɛʃu]

fats (nutrient)	tauki (v dsk)	[tauki]
proteins	olbaltumvielas (s dsk)	[ɔlbaltumviɛlas]
carbohydrates	ogļhidrāti (v dsk)	[ɔglʲxidraːti]
slice (of lemon, ham)	šķēlīte (s)	[ʃtʲeːliːte]
piece (of cake, pie)	gabals (v)	[gabals]
crumb (of bread, cake, etc.)	gabaliņš (v)	[gabaliɲʃ]

43

43. Table setting

spoon	karote (s)	[karɔte]
knife	nazis (v)	[nazis]
fork	dakša (s)	[dakʃa]
cup (e.g., coffee ~)	tase (s)	[tase]
plate (dinner ~)	šķīvis (v)	[ʃtʲiːvis]
saucer	apakštase (s)	[apakʃtase]
serviette	salvete (s)	[salvɛte]
toothpick	zobu bakstāmais (v)	[zɔbu baksta:mais]

44. Restaurant

restaurant	restorāns (v)	[restɔra:ns]
coffee bar	kafejnīca (s)	[kafejni:tsa]
pub, bar	bārs (v)	[ba:rs]
tearoom	tēju nams (v)	[te:ju nams]
waiter	oficiants (v)	[ɔfitsiants]
waitress	oficiante (s)	[ɔfitsiante]
barman	bārmenis (v)	[ba:rmenis]
menu	ēdienkarte (s)	[e:diɛnkarte]
wine list	vīnu karte (s)	[vi:nu karte]
to book a table	rezervēt galdiņu	[rɛzerve:t galdiɲu]
course, dish	ēdiens (v)	[e:diɛns]
to order (meal)	pasūtīt	[pasu:ti:t]
to make an order	pasūtīt	[pasu:ti:t]
aperitif	aperitīvs (v)	[aperiti:vs]
starter	uzkožamais (v)	[uzkɔʒamais]
dessert, pudding	deserts (v)	[dɛserts]
bill	rēķins (v)	[re:tʲins]
to pay the bill	samaksāt rēķinu	[samaksa:t re:tʲinu]
to give change	iedot atlikumu	[iɛdɔt atlikumu]
tip	dzeramnauda (s)	[dzɛramnauda]

Family, relatives and friends

45. Personal information. Forms

name (first name)	**vārds** (v)	[va:rds]
surname (last name)	**uzvārds** (v)	[uzva:rds]
date of birth	**dzimšanas datums** (v)	[dzimʃanas datums]
place of birth	**dzimšanas vieta** (s)	[dzimʃanas viɛta]
nationality	**tautība** (s)	[tauti:ba]
place of residence	**dzīves vieta** (s)	[dzi:ves viɛta]
country	**valsts** (s)	[valsts]
profession (occupation)	**profesija** (s)	[prɔfesija]
gender, sex	**dzimums** (v)	[dzimums]
height	**augums** (v)	[augums]
weight	**svars** (v)	[svars]

46. Family members. Relatives

mother	**māte** (s)	[ma:te]
father	**tēvs** (v)	[te:vs]
son	**dēls** (v)	[dɛ:ls]
daughter	**meita** (s)	[mɛita]
younger daughter	**jaunākā meita** (s)	[jauna:ka: mɛita]
younger son	**jaunākais dēls** (v)	[jauna:kais dɛ:ls]
eldest daughter	**vecākā meita** (s)	[vetsa:ka: mɛita]
eldest son	**vecākais dēls** (v)	[votsa:kais dɛ:ls]
brother	**brālis** (v)	[bra:lis]
elder brother	**vecākais brālis** (v)	[vetsa:kais bra:lis]
younger brother	**jaunākais brālis** (v)	[jauna:kais bra:lis]
sister	**māsa** (s)	[ma:sa]
elder sister	**vecākā māsa** (s)	[vetsa:ka: ma:sa]
younger sister	**jaunākā māsa** (s)	[jauna:ka: ma:sa]
cousin (masc.)	**brālēns** (v)	[bra:le:ns]
cousin (fem.)	**māsīca** (s)	[ma:si:tsa]
mummy	**māmiņa** (s)	[ma:miɲa]
dad, daddy	**tētis** (v)	[te:tis]
parents	**vecāki** (v dsk)	[vetsa:ki]
child	**bērns** (v)	[be:rns]
children	**bērni** (v dsk)	[be:rni]
grandmother	**vecmāmiņa** (s)	[vetsma:miɲa]
grandfather	**vectēvs** (v)	[vetste:vs]
grandson	**mazdēls** (v)	[mazdɛ:ls]

| granddaughter | mazmeita (s) | [mazmɛita] |
| grandchildren | mazbērni (v dsk) | [mazbe:rni] |

uncle	onkulis (v)	[ɔnkulis]
aunt	tante (s)	[tante]
nephew	brāļadēls, māsasdēls (v)	[bra:lʲadɛ:ls], [ma:sasdɛ:ls]
niece	brāļameita, māsasmeita (s)	[bra:lʲamɛita], [ma:sasmɛita]

mother-in-law (wife's mother)	sievasmāte, vīramāte (s)	[siɛvasma:te], [vi:rama:te]
father-in-law (husband's father)	sievastēvs, vīratēvs (v)	[siɛvaste:vs], [vi:rate:vs]
son-in-law (daughter's husband)	znots (v)	[znɔts]
stepmother	pamāte (s)	[pama:te]
stepfather	patēvs (v)	[pate:vs]

infant	krūts bērns (v)	[kru:ts be:rns]
baby (infant)	zīdainis (v)	[zi:dainis]
little boy, kid	mazulis (v)	[mazulis]

wife	sieva (s)	[siɛva]
husband	vīrs (v)	[vi:rs]
spouse (husband)	dzīvesbiedrs (v)	[dzi:vesbiɛdrs]
spouse (wife)	dzīvesbiedre (s)	[dzi:vesbiɛdre]

married (masc.)	precējies	[pretse:jiɛs]
married (fem.)	precējusies	[pretse:jusiɛs]
single (unmarried)	neprecējies	[nepretse:jiɛs]
bachelor	vecpuisis (v)	[vetspuisis]
divorced (masc.)	šķīries	[ʃtʲi:riɛs]
widow	atraitne (s)	[atraitne]
widower	atraitnis (v)	[atraitnis]

relative	radinieks (v)	[radiniɛks]
close relative	tuvs radinieks (v)	[tuvs radiniɛks]
distant relative	tāls radinieks (v)	[ta:ls radiniɛks]
relatives	radi (v dsk)	[radi]

orphan (boy)	bārenis (v)	[ba:renis]
orphan (girl)	bārene (s)	[ba:rɛne]
guardian (of a minor)	aizbildnis (v)	[aizbildnis]
to adopt (a boy)	adoptēt zēnu	[adɔpte:t zɛ:nu]
to adopt (a girl)	adoptēt meiteni	[adɔpte:t mɛiteni]

Medicine

illness	slimība (s)	[slimi:ba]
to be ill	slimot	[slimɔt]
health	veselība (s)	[vɛseli:ba]
runny nose (coryza)	iesnas (s dsk)	[iɛsnas]
tonsillitis	angīna (s)	[aŋgi:na]
cold (illness)	saaukstēšanās (s)	[saaukste:ʃana:s]
to catch a cold	saaukstēties	[saaukste:tiɛs]
bronchitis	bronhīts (v)	[brɔnxi:ts]
pneumonia	plaušu karsonis (v)	[plauʃu karsɔnis]
flu, influenza	gripa (s)	[gripa]
shortsighted (adj)	tuvredzīgs	[tuvredzi:gs]
longsighted (adj)	tālredzīgs	[ta:lredzi:gs]
strabismus (crossed eyes)	šķielēšana (s)	[ʃtʲiɛle:ʃana]
squint-eyed (adj)	šķielējošs	[ʃtʲiɛle:jɔʃs]
cataract	katarakta (s)	[katarakta]
glaucoma	glaukoma (s)	[glaukɔma]
stroke	insults (v)	[insults]
heart attack	infarkts (v)	[infarkts]
myocardial infarction	miokarda infarkts (v)	[miɔkarda infarkts]
paralysis	paralīze (s)	[parali:ze]
to paralyse (vt)	paralizēt	[paralize:t]
allergy	alerģija (s)	[alerdʲija]
asthma	astma (s)	[astma]
diabetes	diabēts (v)	[diabe:ts]
toothache	zobu sāpes (s dsk)	[zɔbu sa:pes]
caries	kariess (v)	[kariɛs]
diarrhoea	caureja (s)	[tsaureja]
constipation	aizcietējums (v)	[aiztsiɛte:jums]
stomach upset	gremošanas traucējumi (v dsk)	[gremɔʃanas trautse:jumi]
food poisoning	saindēšanās (s)	[sainde:ʃana:s]
to get food poisoning	saindēties	[sainde:tiɛs]
arthritis	artrīts (v)	[artri:ts]
rickets	rahīts (v)	[raxi:ts]
rheumatism	reimatisms (v)	[rɛimatisms]
atherosclerosis	ateroskleroze (s)	[aterɔsklerɔze]
gastritis	gastrīts (v)	[gastri:ts]
appendicitis	apendicīts (v)	[apenditsi:ts]

47

| cholecystitis | holecistīts (v) | [xɔletsisti:ts] |
| ulcer | čūla (s) | [tʃu:la] |

measles	masalas (s dsk)	[masalas]
rubella (German measles)	masaliņas (s dsk)	[masaliɲas]
jaundice	dzeltenā kaite (s)	[dzeltɛna: kaite]
hepatitis	hepatīts (v)	[xɛpati:ts]

schizophrenia	šizofrēnija (s)	[ʃizɔfre:nija]
rabies (hydrophobia)	trakumsērga (s)	[trakumse:rga]
neurosis	neiroze (s)	[nɛirɔze]
concussion	smadzeņu satricinājums (v)	[smadzɛɲu satritsina:jums]

cancer	vēzis (v)	[ve:zis]
sclerosis	skleroze (s)	[sklerɔze]
multiple sclerosis	multiplā skleroze (s)	[multipla: sklerɔze]

alcoholism	alkoholisms (v)	[alkɔxɔlisms]
alcoholic (n)	alkoholiķis (v)	[alkɔxɔlitʲis]
syphilis	sifiliss (v)	[sifilis]
AIDS	AIDS (v)	[aids]

tumour	audzējs (v)	[audze:js]
malignant (adj)	ļaundabīgs	[lʲaundabi:gs]
benign (adj)	labdabīgs	[labdabi:gs]
fever	drudzis (v)	[drudzis]
malaria	malārija (s)	[mala:rija]
gangrene	gangrēna (s)	[gaŋgrɛ:na]
seasickness	jūras slimība (s)	[ju:ras slimi:ba]
epilepsy	epilepsija (s)	[epilepsija]

epidemic	epidēmija (s)	[epide:mija]
typhus	tīfs (v)	[ti:fs]
tuberculosis	tuberkuloze (s)	[tuberkulɔze]
cholera	holēra (s)	[xɔlɛ:ra]
plague (bubonic ~)	mēris (v)	[me:ris]

48. Symptoms. Treatments. Part 1

symptom	simptoms (v)	[simptɔms]
temperature	temperatūra (s)	[tempɛratu:ra]
high temperature (fever)	augsta temperatūra (s)	[augsta tempɛratu:ra]
pulse (heartbeat)	pulss (v)	[puls]

dizziness (vertigo)	galvas reibšana (s)	[galvas rɛibʃana]
hot (adj)	karsts	[karsts]
shivering	drebuļi (v dsk)	[drɛbulʲi]
pale (e.g. ~ face)	bāls	[ba:ls]

cough	klepus (v)	[klɛpus]
to cough (vi)	klepot	[klepɔt]
to sneeze (vi)	šķaudīt	[ʃkʲaudi:t]
faint	ģībonis (v)	[dʲi:bɔnis]
to faint (vi)	paģībt	[padʲi:bt]

bruise (hématome)	zilums (v)	[zilums]
bump (lump)	puns (v)	[puns]
to bang (bump)	atsisties	[atsistiɛs]
contusion (bruise)	sasitums (v)	[sasitums]
to get a bruise	sasisties	[sasistiɛs]

to limp (vi)	klibot	[klibɔt]
dislocation	izmežģījums (v)	[izmeʒdʲiːjums]
to dislocate (vt)	izmežģīt	[izmeʒdʲiːt]
fracture	lūzums (v)	[luːzums]
to have a fracture	dabūt lūzumu	[dabuːt luːzumu]

cut (e.g. paper ~)	iegriezums (v)	[iɛgriɛzums]
to cut oneself	sagriezties	[sagriɛztiɛs]
bleeding	asiņošana (s)	[asiɲɔʃana]

burn (injury)	apdegums (v)	[apdɛgums]
to get burned	apdedzināties	[apdedzinaːtiɛs]

to prick (vt)	sadurt	[sadurt]
to prick oneself	sadurties	[sadurtiɛs]
to injure (vt)	sabojāt	[sabɔjaːt]
injury	traumēšana (s)	[traumeːʃana]
wound	ievainojums (v)	[iɛvainɔjums]
trauma	trauma (s)	[trauma]

to be delirious	murgot	[murgɔt]
to stutter (vi)	stostīties	[stɔstiːtiɛs]
sunstroke	saules dūriens (v)	[saules duːriɛns]

49. Symptoms. Treatments. Part 2

pain, ache	sāpes (s dsk)	[saːpes]
splinter (in foot, etc.)	skabarga (s)	[skabarga]

sweat (perspiration)	sviedri (v dsk)	[sviɛdrI]
to sweat (perspire)	svīst	[sviːst]
vomiting	vemšana (s)	[vemʃana]
convulsions	krampji (v dsk)	[krampji]

pregnant (adj)	grūta	[gruːta]
to be born	piedzimt	[piɛdzimt]
delivery, labour	dzemdības (s dsk)	[dzemdiːbas]
to deliver (~ a baby)	dzemdēt	[dzemdeːt]
abortion	aborts (v)	[abɔrts]

breathing, respiration	elpošana (s)	[elpɔʃana]
in-breath (inhalation)	ieelpa (s)	[iɛelpa]
out-breath (exhalation)	izelpa (s)	[izelpa]
to exhale (breathe out)	izelpot	[izelpɔt]
to inhale (vi)	ieelpot	[iɛelpɔt]

disabled person	invalīds (v)	[invaliːds]
cripple	kroplis (v)	[krɔplis]

49

drug addict	narkomāns (v)	[narkoma:ns]
deaf (adj)	kurls	[kurls]
mute (adj)	mēms	[me:ms]
deaf mute (adj)	kurlmēms	[kurlme:ms]

mad, insane (adj)	traks	[traks]
madman (demented person)	trakais (v)	[trakais]
madwoman	traka (s)	[traka]
to go insane	zaudēt prātu	[zaude:t pra:tu]

gene	gēns (v)	[ge:ns]
immunity	imunitāte (s)	[imunita:te]
hereditary (adj)	mantojams	[mantɔjams]
congenital (adj)	iedzimts	[iɛdzimts]

virus	vīruss (v)	[vi:rus]
microbe	mikrobs (v)	[mikrɔbs]
bacterium	baktērija (s)	[bakte:rija]
infection	infekcija (s)	[infektsija]

50. Symptoms. Treatments. Part 3

| hospital | slimnīca (s) | [slimni:tsa] |
| patient | pacients (v) | [patsiɛnts] |

diagnosis	diagnoze (s)	[diagnɔze]
cure	ārstēšana (s)	[a:rste:ʃana]
medical treatment	ārstēšana (s)	[a:rste:ʃana]
to get treatment	ārstēties	[a:rste:tiɛs]
to treat (~ a patient)	ārstēt	[a:rste:t]
to nurse (look after)	apkopt	[apkɔpt]
care (nursing ~)	apkope (s)	[apkɔpe]

operation, surgery	operācija (s)	[ɔpɛra:tsija]
to bandage (head, limb)	pārsiet	[pa:rsiɛt]
bandaging	pārsiešana (s)	[pa:rsiɛʃana]

vaccination	potēšana (s)	[pɔte:ʃana]
to vaccinate (vt)	potēt	[pɔte:t]
injection	injekcija (s)	[injektsija]
to give an injection	injicēt	[injitse:t]

attack	lēkme (s)	[le:kme]
amputation	amputācija (s)	[amputa:tsija]
to amputate (vt)	amputēt	[ampute:t]
coma	koma (s)	[kɔma]
to be in a coma	būt komā	[bu:t kɔma:]
intensive care	reanimācija (s)	[reanima:tsija]

to recover (~ from flu)	atveseļoties	[atvɛseʎɔtiɛs]
condition (patient's ~)	stāvoklis (v)	[sta:vɔklis]
consciousness	apziņa (s)	[apziɲa]
memory (faculty)	atmiņa (s)	[atmiɲa]

to pull out (tooth)	izraut	[izraut]
filling	plomba (s)	[plomba]
to fill (a tooth)	plombēt	[plombe:t]

| hypnosis | hipnoze (s) | [xipnɔze] |
| to hypnotize (vt) | hipnotizēt | [xipnɔtize:t] |

51. Doctors

doctor	ārsts (v)	[a:rsts]
nurse	medmāsa (s)	[medma:sa]
personal doctor	personīgais ārsts (v)	[pɛrsɔni:gais a:rsts]

dentist	dentists (v)	[dentists]
optician	okulists (v)	[ɔkulists]
general practitioner	terapeits (v)	[tɛrapɛits]
surgeon	ķirurgs (v)	[tʲirurgs]

psychiatrist	psihiatrs (v)	[psixiatrs]
paediatrician	pediatrs (v)	[pediatrs]
psychologist	psihologs (v)	[psixɔlɔgs]
gynaecologist	ginekologs (v)	[ginekɔlɔgs]
cardiologist	kardiologs (v)	[kardiɔlɔgs]

52. Medicine. Drugs. Accessories

medicine, drug	zāles (s dsk)	[za:les]
remedy	līdzeklis (v)	[li:dzeklis]
to prescribe (vt)	izrakstīt	[izraksti:t]
prescription	recepte (s)	[retsepte]

tablet, pill	tablete (s)	[tablɛte]
ointment	ziede (s)	[zɪɛde]
ampoule	ampula (s)	[ampula]
mixture, solution	mikstūra (s)	[mikstu:ra]
syrup	sīrups (v)	[si:rups]
capsule	zāļu kapsula (s)	[za:lʲu kapsula]
powder	pulveris (v)	[pulveris]

gauze bandage	saite (s)	[saite]
cotton wool	vate (s)	[vate]
iodine	jods (v)	[jɔds]

plaster	plāksteris (v)	[pla:ksteris]
eyedropper	pipete (s)	[pipɛte]
thermometer	termometrs (v)	[termɔmetrs]
syringe	šļirce (s)	[ʃlʲirtse]

wheelchair	ratiņkrēsls (v)	[ratiņkre:sls]
crutches	kruķi (v dsk)	[krutʲi]
painkiller	pretsāpju līdzeklis (v)	[pretsa:pju li:dzeklis]
laxative	caurejas līdzeklis (v)	[tsaurejas li:dzeklis]

spirits (ethanol)	**spirts** (v)	[spirts]
medicinal herbs	**zāle** (s)	[za:le]
herbal (~ tea)	**zāļu**	[za:ļu]

HUMAN HABITAT

City

city, town	pilsēta (s)	[pilsɛ:ta]
capital city	galvaspilsēta (s)	[galvaspilsɛ:ta]
village	ciems (v)	[tsiɛms]
city map	pilsētas plāns (v)	[pilsɛ:tas pla:ns]
city centre	pilsētas centrs (v)	[pilsɛ:tas tsentrs]
suburb	piepilsēta (s)	[piɛpilsɛ:ta]
suburban (adj)	piepilsētas	[piɛpilsɛ:tas]
outskirts	nomale (s)	[nɔmale]
environs (suburbs)	apkārtnes (s dsk)	[apka:rtnes]
city block	kvartāls (v)	[kvarta:ls]
residential block (area)	dzīvojamais kvartāls (v)	[dzi:vɔjamais kvarta:ls]
traffic	satiksme (s)	[satiksme]
traffic lights	luksofors (v)	[luksɔfɔrs]
public transport	sabiedriskais transports (v)	[sabiɛdriskais transpɔrts]
crossroads	krustojums (v)	[krustɔjums]
zebra crossing	gājēju pāreja (s)	[ga:je:ju pa:reja]
pedestrian subway	pazemes pāreja (s)	[pazɛmes pa:reja]
to cross (~ the street)	pāriet	[pa:riɛt]
pedestrian	kājāmgājējs (v)	[ka:ja:mga:je:js]
pavement	trotuārs (v)	[trɔtua:rs]
bridge	tilts (v)	[tilts]
embankment (river walk)	krastmala (s)	[krastmala]
fountain	strūklaka (s)	[stru:klaka]
allée (garden walkway)	gatve (s)	[gatve]
park	parks (v)	[parks]
boulevard	bulvāris (v)	[bulva:ris]
square	laukums (v)	[laukums]
avenue (wide street)	prospekts (v)	[prɔspekts]
street	iela (s)	[iɛla]
side street	šķērsiela (s)	[ʃcɛ:rsiɛla]
dead end	strupceļš (v)	[struptselʲʃ]
house	māja (s)	[ma:ja]
building	ēka (s)	[ɛ:ka]
skyscraper	augstceltne (s)	[augsttseltne]
facade	fasāde (s)	[fasa:de]
roof	jumts (v)	[jumts]

window	logs (v)	[lɔgs]
arch	loks (v)	[lɔks]
column	kolona (s)	[kɔlɔna]
corner	stūris (v)	[stuːris]

shop window	skatlogs (v)	[skatlɔgs]
signboard (store sign, etc.)	izkārtne (s)	[izkaːrtne]
poster (e.g., playbill)	afiša (s)	[afiʃa]
advertising poster	reklāmu plakāts (v)	[reklaːmu plakaːts]
hoarding	reklāmu dēlis (v)	[reklaːmu deːlis]

rubbish	atkritumi (v dsk)	[atkritumi]
rubbish bin	atkritumu tvertne (s)	[atkritumu tvertne]
to litter (vi)	piegružot	[piɛgruʒɔt]
rubbish dump	izgāztuve (s)	[izgaːztuve]

telephone box	telefona būda (s)	[tɛlefɔna buːda]
lamppost	laterna (s)	[laterna]
bench (park ~)	sols (v)	[sɔls]

police officer	policists (v)	[pɔlitsists]
police	policija (s)	[pɔlitsija]
beggar	nabags (v)	[nabags]
homeless (n)	bezpajumtnieks (v)	[bezpajumtniɛks]

54. Urban institutions

shop	veikals (v)	[vɛikals]
chemist, pharmacy	aptieka (s)	[aptiɛka]
optician (spectacles shop)	optika (s)	[ɔptika]
shopping centre	tirdzniecības centrs (v)	[tirdzniɛtsiːbas tsentrs]
supermarket	lielveikals (v)	[liɛlvɛikals]

bakery	maiznīca (s)	[maizniːtsa]
baker	maiznieks (v)	[maizniɛks]
cake shop	konditoreja (s)	[kɔnditɔreja]
grocery shop	pārtikas preču veikals (v)	[paːrtikas pretʃu vɛikals]
butcher shop	gaļas veikals (v)	[galʲas vɛikals]

greengrocer	sakņu veikals (v)	[sakɲu vɛikals]
market	tirgus (v)	[tirgus]

coffee bar	kafejnīca (s)	[kafejniːtsa]
restaurant	restorāns (v)	[restɔraːns]
pub, bar	alus krogs (v)	[alus krɔgs]
pizzeria	picērija (s)	[pitseːrija]

hairdresser	frizētava (s)	[frizɛːtava]
post office	pasts (v)	[pasts]
dry cleaners	ķīmiskā tīrītava (s)	[tʲiːmiska: tiːriːtava]
photo studio	fotostudija (s)	[fɔtɔstudija]

shoe shop	apavu veikals (v)	[apavu vɛikals]
bookshop	grāmatnīca (s)	[graːmatniːtsa]

sports shop	sporta preču veikals (v)	[sporta pretʃu vɛikals]
clothes repair shop	apģērbu labošana (s)	[apdʲeːrbu laboʃana]
formal wear hire	apģērbu noma (s)	[apdʲeːrbu nɔma]
video rental shop	filmu noma (s)	[filmu nɔma]

circus	cirks (v)	[tsirks]
zoo	zoodārzs (v)	[zɔɔdaːrzs]
cinema	kinoteātris (v)	[kinɔteaːtris]
museum	muzejs (v)	[muzejs]
library	bibliotēka (s)	[bibliɔtɛːka]

theatre	teātris (v)	[teaːtris]
opera (opera house)	opera (s)	[ɔpɛra]
nightclub	naktsklubs (v)	[naktsklubs]
casino	kazino (v)	[kazinɔ]

mosque	mošeja (s)	[mɔʃeja]
synagogue	sinagoga (s)	[sinagɔga]
cathedral	katedrāle (s)	[katedraːle]
temple	dievnams (v)	[diɛvnams]
church	baznīca (s)	[bazniːtsa]

college	institūts (v)	[instituːts]
university	universitāte (s)	[univɛrsitaːte]
school	skola (s)	[skɔla]

prefecture	prefektūra (s)	[prefektuːra]
town hall	mērija (s)	[meːrija]
hotel	viesnīca (s)	[viɛsniːtsa]
bank	banka (s)	[banka]

embassy	vēstniecība (s)	[veːstniɛtsiːba]
travel agency	tūrisma aģentūra (s)	[tuːrisma adʲentuːra]
information office	izziņu birojs (v)	[izziɲu birɔjs]
currency exchange	apmaiņas punkts (v)	[apmaiɲas punkts]

| underground, tube | metro (v) | [metrɔ] |
| hospital | slimnīca (s) | [slimniːtsa] |

| petrol station | degvielas uzpildes stacija (s) | [degviɛlas uzpildes statsija] |

| car park | autostāvvieta (s) | [autɔsta:vviɛta] |

55. Signs

signboard (store sign, etc.)	izkārtne (s)	[izkaːrtne]
notice (door sign, etc.)	uzraksts (v)	[uzraksts]
poster	plakāts (v)	[plaka:ts]
direction sign	ceļrādis (v)	[tselʲraːdis]
arrow (sign)	bultiņa (s)	[bultiɲa]

caution	brīdinājums (v)	[bri:dina:jums]
warning sign	brīdinājums (v)	[bri:dina:jums]
to warn (vt)	brīdināt	[bri:dina:t]

rest day (weekly ~)	brīvdiena (s)	[bri:vdiɛna]
timetable (schedule)	saraksts (v)	[saraksts]
opening hours	darba laiks (v)	[darba laiks]
WELCOME!	LAIPNI LŪDZAM!	[laipni lu:dzam!]
ENTRANCE	IEEJA	[iɛeja]
WAY OUT	IZEJA	[izeja]
PUSH	GRŪST	[gru:st]
PULL	VILKT	[vilkt]
OPEN	ATVĒRTS	[atve:rts]
CLOSED	SLĒGTS	[sle:gts]
WOMEN	SIEVIEŠU	[siɛviɛʃu]
MEN	VĪRIEŠU	[vi:riɛʃu]
DISCOUNTS	ATLAIDES	[atlaides]
SALE	IZPĀRDOŠANA	[izpa:rdoʃana]
NEW!	JAUNUMS!	[jaunums!]
FREE	BEZMAKSAS	[bezmaksas]
ATTENTION!	UZMANĪBU!	[uzmani:bu!]
NO VACANCIES	BRĪVU VIETU NAV	[bri:vu viɛtu nav]
RESERVED	REZERVĒTS	[rɛzerve:ts]
ADMINISTRATION	ADMINISTRĀCIJA	[administra:tsija]
STAFF ONLY	TIKAI PERSONĀLAM	[tikai pɛrsona:lam]
BEWARE OF THE DOG!	NIKNS SUNS	[nikns suns]
NO SMOKING	SMĒĶĒT AIZLIEGTS!	[smɛ:tˡe:t aizliɛgts!]
DO NOT TOUCH!	AR ROKĀM NEAIZTIKT	[ar rɔka:m neaiztikt]
DANGEROUS	BĪSTAMI	[bi:stami]
DANGER	BĪSTAMS	[bi:stams]
HIGH VOLTAGE	AUGSTSPRIEGUMS	[augstspriɛgums]
NO SWIMMING!	PELDĒT AIZLIEGTS!	[pelde:t aizliɛgts!]
OUT OF ORDER	NESTRĀDĀ	[nestra:da:]
FLAMMABLE	UGUNSNEDROŠS	[ugunsnedrɔʃs]
FORBIDDEN	AIZLIEGTS	[aizliɛgts]
NO TRESPASSING!	IEIEJA AIZLIEGTA	[iɛiɛja aizliɛgta]
WET PAINT	SVAIGI KRĀSOTS	[svaigi kra:sots]

56. Urban transport

bus, coach	autobuss (v)	[autobus]
tram	tramvajs (v)	[tramvajs]
trolleybus	trolejbuss (v)	[trɔlejbus]
route (bus ~)	maršruts (v)	[marʃruts]
number (e.g. bus ~)	numurs (v)	[numurs]
to go by ...	braukt ar ...	[braukt ar ...]
to get on (~ the bus)	iekāpt	[iɛka:pt]
to get off ...	izkāpt	[izka:pt]

stop (e.g. bus ~)	pietura (s)	[piɛtura]
next stop	nākamā pietura (s)	[naːkama: piɛtura]
terminus	galapunkts (v)	[galapunkts]
timetable	saraksts (v)	[saraksts]
to wait (vt)	gaidīt	[gaidi:t]

ticket	biļete (s)	[biļɛte]
fare	biļetes maksa (s)	[biļɛtes maksa]

cashier (ticket seller)	kasieris (v)	[kasiɛris]
ticket inspection	kontrole (s)	[kontrole]
ticket inspector	kontrolieris (v)	[kontroliɛris]

to be late (for ...)	nokavēties	[nɔkave:tiɛs]
to miss (~ the train, etc.)	nokavēt ...	[nɔkave:t ...]
to be in a hurry	steigties	[stɛigtiɛs]

taxi, cab	taksometrs (v)	[taksɔmetrs]
taxi driver	taksists (v)	[taksists]
by taxi	ar taksometru	[ar taksɔmetru]
taxi rank	taksometru stāvvieta (s)	[taksɔmetru sta:vviɛta]
to call a taxi	izsaukt taksometru	[izsaukt taksɔmetru]
to take a taxi	nolīgt taksometru	[noli:gt taksɔmetru]

traffic	satiksme (s)	[satiksme]
traffic jam	sastrēgums (v)	[sastrɛ:gums]
rush hour	maksimālās slodzes laiks (v)	[maksima:la:s slɔdzes laiks]
to park (vi)	novietot auto	[nɔviɛtot autɔ]
to park (vt)	novietot auto	[nɔviɛtot autɔ]
car park	autostāvvieta (s)	[autɔsta:vviɛta]

underground, tube	metro (v)	[metrɔ]
station	stacija (s)	[statsija]
to take the tube	braukt ar metro	[braukt ar metrɔ]
train	vilciens (v)	[viltsiɛns]
train station	dzelzceļa stacija (s)	[dzelztsɛļa statsija]

57. Sightseeing

monument	piemineklis (v)	[piɛmineklis]
fortress	cietoksnis (v)	[tsiɛtoksnis]
palace	pils (s)	[pils]
castle	pils (s)	[pils]
tower	tornis (v)	[tornis]
mausoleum	mauzolejs (v)	[mauzɔlejs]

architecture	arhitektūra (s)	[arxitektu:ra]
medieval (adj)	viduslaiku	[viduslaiku]
ancient (adj)	senlaiku	[senlaiku]
national (adj)	nacionāls	[natsiona:ls]
famous (monument, etc.)	slavens	[slavens]
tourist	tūrists (v)	[tu:rists]
guide (person)	gids (v)	[gids]

excursion, sightseeing tour	ekskursija (s)	[ekskursija]
to show (vt)	parādīt	[para:di:t]
to tell (vt)	stāstīt	[sta:sti:t]
to find (vt)	atrast	[atrast]
to get lost (lose one's way)	nomaldīties	[nɔmaldi:tiɛs]
map (e.g. underground ~)	shēma (s)	[sxɛ:ma]
map (e.g. city ~)	plāns (v)	[pla:ns]
souvenir, gift	suvenīrs (v)	[suveni:rs]
gift shop	suvenīru veikals (v)	[suveni:ru vɛikals]
to take pictures	fotografēt	[fɔtɔgrafe:t]
to have one's picture taken	fotografēties	[fɔtɔgrafe:tiɛs]

58. Shopping

to buy (purchase)	pirkt	[pirkt]
shopping	pirkums (v)	[pirkums]
to go shopping	iepirkties	[iɛpirktiɛs]
shopping	iepirkšanās (s)	[iɛpirkʃana:s]
to be open (ab. shop)	strādāt	[stra:da:t]
to be closed	slēgties	[sle:gtiɛs]
footwear, shoes	apavi (v dsk)	[apavi]
clothes, clothing	apģērbs (v)	[apdʲe:rbs]
cosmetics	kosmētika (s)	[kɔsme:tika]
food products	pārtikas produkti (v dsk)	[pa:rtikas prɔdukti]
gift, present	dāvana (s)	[da:vana]
shop assistant (masc.)	pārdevējs (v)	[pa:rdɛve:js]
shop assistant (fem.)	pārdevēja (s)	[pa:rdɛve:ja]
cash desk	kase (s)	[kase]
mirror	spogulis (v)	[spɔgulis]
counter (shop ~)	lete (s)	[lɛte]
fitting room	pielaikošanas kabīne (s)	[piɛlaikɔʃanas kabi:ne]
to try on	pielaikot	[piɛlaikɔt]
to fit (ab. dress, etc.)	derēt	[dɛre:t]
to fancy (vt)	patikt	[patikt]
price	cena (s)	[tsɛna]
price tag	cenas zīme (s)	[tsɛnas zi:me]
to cost (vt)	maksāt	[maksa:t]
How much?	Cik?	[tsik?]
discount	atlaide (s)	[atlaide]
inexpensive (adj)	ne visai dārgs	[ne visai da:rgs]
cheap (adj)	lēts	[le:ts]
expensive (adj)	dārgs	[da:rgs]
It's expensive	Tas ir dārgi	[tas ir da:rgi]
hire (n)	noma (s)	[nɔma]
to hire (~ a dinner jacket)	paņemt nomā	[paɲemt nɔma:]

| credit (trade credit) | kredīts (v) | [kredi:ts] |
| on credit (adv) | uz kredīta | [uz kredi:ta] |

59. Money

money	nauda (s)	[nauda]
currency exchange	maiņa (s)	[maiɲa]
exchange rate	kurss (v)	[kurs]
cashpoint	bankomāts (v)	[bankɔma:ts]
coin	monēta (s)	[mɔnɛ:ta]

| dollar | dolārs (v) | [dɔla:rs] |
| euro | eiro (v) | [ɛirɔ] |

lira	lira (s)	[lira]
Deutschmark	marka (s)	[marka]
franc	franks (v)	[franks]
pound sterling	sterliņu mārciņa (s)	[sterliɲu ma:rtsiɲa]
yen	jena (s)	[jena]

debt	parāds (v)	[para:ds]
debtor	parādnieks (v)	[para:dniɛks]
to lend (money)	aizdot	[aizdɔt]
to borrow (vi, vt)	aizņemties	[aizɲemtiɛs]

bank	banka (s)	[banka]
account	konts (v)	[kɔnts]
to deposit (vt)	noguldīt	[nɔguldi:t]
to deposit into the account	noguldīt kontā	[nɔguldi:t kɔnta:]
to withdraw (vt)	izņemt no konta	[izɲemt nɔ kɔnta]

credit card	kredītkarte (s)	[kredi:tkarte]
cash	skaidra nauda (v)	[skaidra nauda]
cheque	čeks (v)	[tʃeks]
to write a cheque	izrakstīt čeku	[izraksti:t tʃɛku]
chequebook	čeku grāmatiņa (s)	[tʃɛku gra:matiɲa]

wallet	maks (v)	[maks]
purse	maks (v)	[maks]
safe	seifs (v)	[sɛifs]

heir	mantinieks (v)	[mantiniɛks]
inheritance	mantojums (v)	[mantɔjums]
fortune (wealth)	mantība (s)	[manti:ba]

lease	rentēšana (s)	[rente:ʃana]
rent (money)	īres maksa (s)	[i:res maksa]
to rent (sth from sb)	īrēt	[i:re:t]

price	cena (s)	[tsɛna]
cost	vērtība (s)	[ve:rti:ba]
sum	summa (s)	[summa]
to spend (vt)	tērēt	[tɛ:re:t]
expenses	izdevumi (v dsk)	[izdɛvumi]

to economize (vi, vt)	taupīt	[taupi:t]
economical	taupīgs	[taupi:gs]

to pay (vi, vt)	maksāt	[maksa:t]
payment	samaksa (s)	[samaksa]
change (give the ~)	atlikums (v)	[atlikums]

tax	nodoklis (v)	[nɔdɔklis]
fine	sods (v)	[sɔds]
to fine (vt)	uzlikt naudas sodu	[uzlikt naudas sɔdu]

60. Post. Postal service

post office	pasts (v)	[pasts]
post (letters, etc.)	pasts (v)	[pasts]
postman	pastnieks (v)	[pastniɛks]
opening hours	darba laiks (v)	[darba laiks]

letter	vēstule (s)	[ve:stule]
registered letter	ierakstīta vēstule (s)	[iɛraksti:ta ve:stule]
postcard	pastkarte (s)	[pastkarte]
telegram	telegramma (s)	[tɛlegramma]
parcel	sūtījums (v)	[su:ti:jums]
money transfer	naudas pārvedums (v)	[naudas pa:rvɛdums]

to receive (vt)	saņemt	[saɲemt]
to send (vt)	nosūtīt	[nɔsu:ti:t]
sending	aizsūtīšana (s)	[aizsu:ti:ʃana]

address	adrese (s)	[adrɛse]
postcode	indekss (v)	[indeks]
sender	sūtītājs (v)	[su:ti:ta:js]
receiver	saņēmējs (v)	[saɲɛ:me:js]

name (first name)	vārds (v)	[va:rds]
surname (last name)	uzvārds (v)	[uzva:rds]

postage rate	tarifs (v)	[tarifs]
standard (adj)	parasts	[parasts]
economical (adj)	ekonomisks	[ekɔnɔmisks]

weight	svars (v)	[svars]
to weigh (~ letters)	svērt	[sve:rt]
envelope	aploksne (s)	[aplɔksne]
postage stamp	marka (s)	[marka]
to stamp an envelope	uzlīmēt marku	[uzli:me:t marku]

Dwelling. House. Home

61. House. Electricity

electricity	elektrība (s)	[ɛlektri:ba]
light bulb	spuldze (s)	[spuldze]
switch	izslēdzējs (v)	[izsle:dze:js]
fuse (plug fuse)	drošinātājs (v)	[drɔʃina:ta:js]
cable, wire (electric ~)	vads (v)	[vads]
wiring	instalācija (s)	[instala:tsija]
electricity meter	skaitītājs (v)	[skaiti:ta:js]
readings	rādījums (v)	[ra:di:jums]

62. Villa. Mansion

country house	ārpilsētas māja (s)	[a:rpilsɛ:tas ma:ja]
country-villa	villa (s)	[villa]
wing (~ of a building)	ēkas spārns (v)	[ɛ:kas spa:rns]
garden	dārzs (v)	[da:rzs]
park	parks (v)	[parks]
conservatory (greenhouse)	oranžērija (s)	[ɔranʒe:rija]
to look after (garden, etc.)	kopt	[kɔpt]
swimming pool	baseins (v)	[basɛins]
gym (home gym)	sporta zāle (s)	[spɔrta za:le]
tennis court	tenisa laukums (v)	[tenisa laukums]
home theater (room)	kinoteātris (v)	[kinɔtɔɑ:tris]
garage	garāža (s)	[gara:ʒa]
private property	privātīpašums (v)	[priva:ti:paʃums]
private land	privātīpašums (v)	[priva:ti:paʃums]
warning (caution)	brīdinājums (v)	[bri:dina:jums]
warning sign	brīdinājuma zīme (s)	[bri:dina:juma zi:me]
security	apsardze (s)	[apsardze]
security guard	apsargs (v)	[apsargs]
burglar alarm	signalizācija (s)	[signaliza:tsija]

63. Flat

flat	dzīvoklis (v)	[dzi:vɔklis]
room	istaba (s)	[istaba]
bedroom	guļamistaba (s)	[guļamistaba]

dining room	ēdamistaba (s)	[ɛ:damistaba]
living room	viesistaba (s)	[viɛsistaba]
study (home office)	kabinets (v)	[kabinets]

entry room	priekštelpa (s)	[priɛkʃtelpa]
bathroom	vannas istaba (s)	[vannas istaba]
water closet	tualete (s)	[tualɛte]

ceiling	griesti (v dsk)	[griɛsti]
floor	grīda (s)	[gri:da]
corner	kakts (v)	[kakts]

64. Furniture. Interior

furniture	mēbeles (s dsk)	[me:bɛles]
table	galds (v)	[galds]
chair	krēsls (v)	[kre:sls]
bed	gulta (s)	[gulta]

| sofa, settee | dīvāns (v) | [di:va:ns] |
| armchair | atpūtas krēsls (v) | [atpu:tas kre:sls] |

| bookcase | grāmatplaukts (v) | [gra:matplaukts] |
| shelf | plaukts (v) | [plaukts] |

wardrobe	drēbju skapis (v)	[dre:bju skapis]
coat rack (wall-mounted ~)	pakaramais (v)	[pakaramais]
coat stand	stāvpakaramais (v)	[sta:vpakaramais]

| chest of drawers | kumode (s) | [kumɔde] |
| coffee table | žurnālu galdiņš (v) | [ʒurna:lu galdiɲʃ] |

mirror	spogulis (v)	[spɔgulis]
carpet	paklājs (v)	[pakla:js]
small carpet	paklājiņš (v)	[pakla:jiɲʃ]

fireplace	kamīns (v)	[kami:ns]
candle	svece (s)	[svetse]
candlestick	svečturis (v)	[svetʃturis]

drapes	aizkari (v dsk)	[aizkari]
wallpaper	tapetes (s dsk)	[tapɛtes]
blinds (jalousie)	žalūzijas (s dsk)	[ʒalu:zijas]

| table lamp | galda lampa (s) | [galda lampa] |
| wall lamp (sconce) | gaismeklis (v) | [gaismeklis] |

| standard lamp | stāvlampa (s) | [sta:vlampa] |
| chandelier | lustra (s) | [lustra] |

leg (of a chair, table)	kāja (s)	[ka:ja]
armrest	elkoņa balsts (v)	[elkɔɲa balsts]
back (backrest)	atzveltne (s)	[atzveltne]
drawer	atvilktne (s)	[atvilktne]

65. Bedding

bedclothes	gultas veļa (s)	[gultas vɛlʲa]
pillow	spilvens (v)	[spilvens]
pillowslip	spilvendrāna (s)	[spilvendra:na]
duvet	sega (s)	[sɛga]
sheet	palags (v)	[palags]
bedspread	pārsegs (v)	[pa:rsegs]

66. Kitchen

kitchen	virtuve (s)	[virtuve]
gas	gāze (s)	[ga:ze]
gas cooker	gāzes plīts (v)	[ga:zes pli:ts]
electric cooker	elektriskā plīts (v)	[ɛlektriska: pli:ts]
oven	cepeškrāsns (v)	[tsɛpeʃkra:sns]
microwave oven	mikroviļņu krāsns (v)	[mikrɔvilʲɳu kra:sns]
refrigerator	ledusskapis (v)	[lɛduskapis]
freezer	saldētava (s)	[saldɛ:tava]
dishwasher	trauku mazgājamā mašīna (s)	[trauku mazga:jama: maʃi:na]
mincer	gaļas mašīna (s)	[galʲas maʃi:na]
juicer	sulu spiede (s)	[sulu spiɛde]
toaster	tosters (v)	[tɔstɛrs]
mixer	mikseris (v)	[mikseris]
coffee machine	kafijas aparāts (v)	[kafijas apara:ts]
coffee pot	kafijas kanna (s)	[kafijas kanna]
coffee grinder	kafijas dzirnaviņas (s)	[kafijas dzirnaviɳas]
kettle	tējkanna (ɕ)	[te:jkanna]
teapot	tējkanna (s)	[te:jkannɑ]
lid	vāciņš (v)	[va:tsiɳʃ]
tea strainer	sietiņš (v)	[siɛtiɳʃ]
spoon	karote (s)	[karɔte]
teaspoon	tējkarote (s)	[te:jkarɔte]
soup spoon	ēdamkarote (s)	[ɛ:damkarɔte]
fork	dakša (s)	[dakʃa]
knife	nazis (v)	[nazis]
tableware (dishes)	galda piederumi (v dsk)	[galda piɛdɛrumi]
plate (dinner ~)	šķīvis (v)	[ʃtʲi:vis]
saucer	apakštase (s)	[apakʃtase]
shot glass	glāzīte (s)	[gla:zi:te]
glass (tumbler)	glāze (s)	[gla:ze]
cup	tase (s)	[tase]
sugar bowl	cukurtrauks (v)	[tsukurtrauks]
salt cellar	sālstrauks (v)	[sa:lstrauks]

| pepper pot | piparu trauciņš (v) | [piparu trautsiɲʃ] |
| butter dish | sviesta trauks (v) | [sviɛsta trauks] |

stock pot (soup pot)	kastrolis (v)	[kastrɔlis]
frying pan (skillet)	panna (s)	[panna]
ladle	smeļamkarote (s)	[smɛlʲamkarɔte]
colander	caurduris (v)	[tsaurduris]
tray (serving ~)	paplāte (s)	[papla:te]

bottle	pudele (s)	[pudɛle]
jar (glass)	burka (s)	[burka]
tin (can)	bundža (s)	[bundʒa]

bottle opener	atvere (s)	[atvɛre]
tin opener	atvere (s)	[atvɛre]
corkscrew	korķviļķis (v)	[kɔrtʲvilʲtʲis]
filter	filtrs (v)	[filtrs]
to filter (vt)	filtrēt	[filtre:t]

| waste (food ~, etc.) | atkritumi (v dsk) | [atkritumi] |
| waste bin (kitchen ~) | atkritumu tvertne (s) | [atkritumu tvertne] |

67. Bathroom

bathroom	vannas istaba (s)	[vannas istaba]
water	ūdens (v)	[u:dens]
tap	krāns (v)	[kra:ns]
hot water	karsts ūdens (v)	[karsts u:dens]
cold water	auksts ūdens (v)	[auksts u:dens]

toothpaste	zobu pasta (s)	[zɔbu pasta]
to clean one's teeth	tīrīt zobus	[ti:ri:t zɔbus]
toothbrush	zobu birste (s)	[zɔbu birste]

to shave (vi)	skūties	[sku:tiɛs]
shaving foam	skūšanās putas (s)	[sku:ʃana:s putas]
razor	skuveklis (v)	[skuveklis]

to wash (one's hands, etc.)	mazgāt	[mazga:t]
to have a bath	mazgāties	[mazga:tiɛs]
shower	duša (s)	[duʃa]
to have a shower	iet dušā	[iɛt duʃa:]

bath	vanna (s)	[vanna]
toilet (toilet bowl)	klozetpods (v)	[klɔzetpɔds]
sink (washbasin)	izlietne (s)	[izliɛtne]

| soap | ziepes (s dsk) | [ziɛpes] |
| soap dish | ziepju trauks (v) | [ziɛpju trauks] |

sponge	sūklis (v)	[su:klis]
shampoo	šampūns (v)	[ʃampu:ns]
towel	dvielis (v)	[dviɛlis]
bathrobe	halāts (v)	[xala:ts]

laundry (laundering)	veļas mazgāšana (s)	[vɛlʲas mazga:ʃana]
washing machine	veļas mazgājamā mašīna (s)	[vɛlʲas mazga:jama: maʃi:na]
to do the laundry	mazgāt veļu	[mazga:t vɛlʲu]
washing powder	veļas pulveris (v)	[vɛlʲas pulveris]

68. Household appliances

TV, telly	televizors (v)	[tɛlevizɔrs]
tape recorder	magnetofons (v)	[magnetɔfɔns]
video	videomagnetofons (v)	[videɔmagnetɔfɔns]
radio	radio uztvērējs (v)	[radiɔ uztvɛ:re:js]
player (CD, MP3, etc.)	atskaņotājs (v)	[atskaɲɔta:js]

video projector	video projektors (v)	[videɔ prɔjektɔrs]
home cinema	mājas kinoteātris (v)	[ma:jas kinɔtea:tris]
DVD player	DVD atskaņotājs (v)	[dvd atskaɲɔta:js]
amplifier	pastiprinātājs (v)	[pastiprina:ta:js]
video game console	spēļu konsole (s)	[spɛ:lʲu kɔnsɔle]

video camera	videokamera (s)	[videɔkamɛra]
camera (photo)	fotoaparāts (v)	[fɔtɔapara:ts]
digital camera	digitālais fotoaparāts (v)	[digita:lais fɔtɔapara:ts]

vacuum cleaner	putekļu sūcējs (v)	[puteklʲu su:tse:js]
iron (e.g. steam ~)	gludeklis (v)	[gludeklis]
ironing board	gludināmais dēlis (v)	[gludina:mais de:lis]

telephone	tālrunis (v)	[ta:lrunis]
mobile phone	mobilais tālrunis (v)	[mɔbilais ta:lrunis]
typewriter	rakstāmmašīna (s)	[raksta:mmaʃi:na]
sewing machine	šujmašīna (s)	[ʃujmaʃi:na]

microphone	mikrofons (v)	[mikrɔfɔns]
headphones	austiņas (s dsk)	[austiɲas]
remote control (TV)	pults (v)	[pults]

CD, compact disc	kompaktdisks (v)	[kɔmpaktdisks]
cassette, tape	kasete (s)	[kasɛte]
vinyl record	plate (s)	[plate]

HUMAN ACTIVITIES

Job. Business. Part 1

office (company ~)	**birojs** (v)	[birɔjs]
office (director's ~)	**kabinets** (v)	[kabinets]
reception desk	**reģistratūra** (s)	[redʲistratu:ra]
secretary	**sekretārs** (v)	[sekrɛta:rs]
secretary (fem.)	**sekretāre** (s)	[sekrɛta:re]
director	**direktors** (v)	[direktɔrs]
manager	**menedžeris** (v)	[mɛnedʒeris]
accountant	**grāmatvedis** (v)	[gra:matvedis]
employee	**darbinieks** (v)	[darbiniɛks]
furniture	**mēbeles** (s dsk)	[me:bɛles]
desk	**galds** (v)	[galds]
desk chair	**krēsls** (v)	[kre:sls]
drawer unit	**atvilktņu bloks** (v)	[atvilktŋu blɔks]
coat stand	**stāvpakaramais** (v)	[sta:vpakaramais]
computer	**dators** (v)	[datɔrs]
printer	**printeris** (v)	[printeris]
fax machine	**fakss** (v)	[faks]
photocopier	**kopējamais aparāts** (v)	[kɔpe:jamais apara:ts]
paper	**papīrs** (v)	[papi:rs]
office supplies	**kancelejas preces** (s dsk)	[kantsɛlejas pretses]
mouse mat	**paliktnis** (v)	[paliktnis]
sheet of paper	**lapa** (s)	[lapa]
binder	**mape** (s)	[mape]
catalogue	**katalogs** (v)	[katalɔgs]
phone directory	**rokasgrāmata** (s)	[rɔkasgra:mata]
documentation	**dokumentācija** (s)	[dɔkumenta:tsija]
brochure (e.g. 12 pages ~)	**brošūra** (s)	[brɔʃu:ra]
leaflet (promotional ~)	**skrejlapa** (s)	[skrejlapa]
sample	**paraugs** (v)	[paraugs]
training meeting	**praktiskā nodarbība** (s)	[praktiska: nɔdarbi:ba]
meeting (of managers)	**sapulce** (s)	[sapultse]
lunch time	**pusdienu pārtraukums** (v)	[pusdiɛnu pa:rtraukums]
to make a copy	**kopēt**	[kɔpe:t]
to make multiple copies	**pavairot**	[pavairɔt]
to receive a fax	**saņemt faksu**	[saŋemt faksu]
to send a fax	**sūtīt faksu**	[su:ti:t faksu]

to call (by phone)	piezvanīt	[piɛzvani:t]
to answer (vt)	atbildēt	[atbilde:t]
to put through	savienot	[saviɛnɔt]
to arrange, to set up	nozīmēt	[nɔzi:me:t]
to demonstrate (vt)	demonstrēt	[demɔnstre:t]
to be absent	nebūt klāt	[nɛbu:t kla:t]
absence	kavējums (v)	[kave:jums]

70. Business processes. Part 1

business	darīšanas (s dsk)	[dari:ʃanas]
occupation	process (v)	[prɔtses]
firm	firma (s)	[firma]
company	kompānija (s)	[kɔmpa:nija]
corporation	korporācija (s)	[kɔrpɔra:tsija]
enterprise	uzņēmums (v)	[uzɲɛ:mums]
agency	aģentūra (s)	[adʲentu:ra]
agreement (contract)	līgums (v)	[li:gums]
contract	līgums (v)	[li:gums]
deal	darījums (v)	[dari:jums]
order (to place an ~)	pasūtījums (v)	[pasu:ti:jums]
terms (of the contract)	nosacījums (v)	[nɔsatsi:jums]
wholesale (adv)	vairumā	[vairuma:]
wholesale (adj)	vairum-	[vairum-]
wholesale (n)	vairumtirdzniecība (s)	[vairumtirdzniɛtsi:ba]
retail (adj)	mazumtirdzniecības-	[mazumtirdzniɛtsi:bas-]
retail (n)	mazumtirdzniecība (s)	[mazumtirdzniɛtsi:ba]
competitor	konkurents (v)	[kɔnkurents]
competition	konkurence (s)	[kɔnkurentse]
to compete (vi)	konkurēt	[kɔnkure:t]
partner (associate)	partneris (v)	[partneris]
partnership	partnerība (s)	[partneri:ba]
crisis	krīze (s)	[kri:ze]
bankruptcy	bankrots (v)	[bankrɔts]
to go bankrupt	bankrotēt	[bankrɔte:t]
difficulty	grūtības (s dsk)	[gru:ti:bas]
problem	problēma (s)	[prɔblɛ:ma]
catastrophe	katastrofa (s)	[katastrɔfa]
economy	ekonomika (s)	[ekɔnɔmika]
economic (~ growth)	ekonomisks	[ekɔnɔmisks]
economic recession	ekonomikas lejupeja (s)	[ekɔnɔmikas lejupeja]
goal (aim)	mērķis (v)	[me:rtʲis]
task	uzdevums (v)	[uzdɛvums]
to trade (vi)	tirgot	[tirgɔt]
network (distribution ~)	tīkls (v)	[ti:kls]

| inventory (stock) | noliktava (s) | [noliktava] |
| range (assortment) | sortiments (v) | [sortiments] |

leader (leading company)	līderis (v)	[li:deris]
large (~ company)	liels	[liɛls]
monopoly	monopols (v)	[monopols]

theory	teorija (s)	[teorija]
practice	prakse (s)	[prakse]
experience (in my ~)	pieredze (s)	[piɛredze]
trend (tendency)	tendence (s)	[tendentse]
development	attīstība (s)	[atti:sti:ba]

71. Business processes. Part 2

| profit (foregone ~) | labums (v) | [labums] |
| profitable (~ deal) | izdevīgs | [izdevi:gs] |

delegation (group)	delegācija (s)	[delɛga:tsija]
salary	darba alga (s)	[darba alga]
to correct (an error)	labot	[labot]
business trip	komandējums (v)	[komande:jums]
commission	komisija (s)	[komisija]

to control (vt)	kontrolēt	[kontrole:t]
conference	konference (s)	[konfɛrentse]
licence	licence (s)	[litsentse]
reliable (~ partner)	uzticams	[uztitsams]

initiative (undertaking)	pasākums (v)	[pasa:kums]
norm (standard)	norma (s)	[norma]
circumstance	apstāklis (v)	[apsta:klis]
duty (of an employee)	pienākums (v)	[piɛna:kums]

organization (company)	organizācija (s)	[organiza:tsija]
organization (process)	organizēšana (s)	[organize:ʃana]
organized (adj)	organizēts	[organize:ts]
cancellation	atcelšana (s)	[attselʃana]
to cancel (call off)	atcelt	[attselt]
report (official ~)	atskaite (s)	[atskaite]

patent	patents (v)	[patents]
to patent (obtain patent)	patentēt	[patente:t]
to plan (vt)	plānot	[pla:not]

bonus (money)	prēmija (s)	[pre:mija]
professional (adj)	profesionāls	[profesiona:ls]
procedure	procedūra (s)	[protsɛdu:ra]

to examine (contract, etc.)	izskatīt	[izskati:t]
calculation	aprēķins (v)	[apre:tʲins]
reputation	reputācija (s)	[rɛputa:tsija]
risk	risks (v)	[risks]
to manage, to run	vadīt	[vadi:t]

information (report)	ziņas (s dsk)	[ziņas]
property	īpašums (v)	[i:paʃums]
union	savienība (s)	[saviɛni:ba]

life insurance	dzīvības apdrošināšana (s)	[dzi:vi:bas apdroʃina:ʃana]
to insure (vt)	apdrošināt	[apdroʃina:t]
insurance	apdrošināšana (s)	[apdroʃina:ʃana]

auction (~ sale)	izsole (s)	[izsole]
to notify (inform)	paziņot	[paziņot]
management (process)	vadīšana (s)	[vadi:ʃana]
service (~ industry)	pakalpojums (v)	[pakalpojums]

forum	forums (v)	[forums]
to function (vi)	funkcionēt	[funktsione:t]
stage (phase)	posms (v)	[posms]
legal (~ services)	juridisks	[juridisks]
lawyer (legal advisor)	jurists (v)	[jurists]

72. Production. Works

plant	rūpnīca (s)	[ru:pni:tsa]
factory	fabrika (s)	[fabrika]
workshop	cehs (v)	[tsexs]
works, production site	rūpniecības nozare (s)	[ru:pniɛtsi:bas nozare]

industry (manufacturing)	rūpniecība (s)	[ru:pniɛtsi:ba]
industrial (adj)	rūpniecisks	[ru:pniɛtsisks]
heavy industry	smagā rūpniecība (s)	[smaga: ru:pniɛtsi:ba]
light industry	vieglā rūpniecība (s)	[viɛgla: ru:pniɛtsi:ba]

products	produkcija (s)	[produktsija]
to produce (vt)	ražot	[raʒot]
raw materials	izejviela (s)	[izejviɛla]

foreman (construction ~)	brigadieris (v)	[brigadiɛris]
workers team (crew)	brigāde (s)	[briga:de]
worker	strādnieks (v)	[stra:dniɛks]

working day	darba diena (s)	[darba diɛna]
pause (rest break)	pārtraukums (v)	[pa:rtraukums]
meeting	sapulce (s)	[sapultse]
to discuss (vt)	apspriest	[apspriɛst]

plan	plāns (v)	[pla:ns]
to fulfil the plan	izpildīt plānu	[izpildi:t pla:nu]
rate of output	norma (s)	[norma]
quality	kvalitāte (s)	[kvalita:te]
control (checking)	kontrole (s)	[kontrole]
quality control	kvalitātes kontrole (s)	[kvalita:tes kontrole]

workplace safety	darba drošība (s)	[darba droʃi:ba]
discipline	disciplīna (s)	[distsipli:na]
violation (of safety rules, etc.)	pārkāpums (v)	[pa:rka:pums]

69

to violate (rules)	pārkāpt	[pa:rka:pt]
strike	streiks (v)	[strɛiks]
striker	streikotājs (v)	[strɛikɔta:js]
to be on strike	streikot	[strɛikɔt]
trade union	arodbiedrība (s)	[arɔdbiɛdri:ba]

to invent (machine, etc.)	izgudrot	[izgudrɔt]
invention	izgudrojums (v)	[izgudrɔjums]
research	pētījums (v)	[pe:ti:jums]
to improve (make better)	uzlabot	[uzlabɔt]
technology	tehnoloģija (s)	[texnɔlɔdʲija]
technical drawing	rasējums (v)	[rase:jums]

load, cargo	krava (s)	[krava]
loader (person)	krāvējs (v)	[kra:ve:js]
to load (vehicle, etc.)	iekraut	[iɛkraut]
loading (process)	iekraušana (s)	[iɛkrauʃana]
to unload (vi, vt)	izkraut	[izkraut]
unloading	izkraušana (s)	[izkrauʃana]

transport	transports (v)	[transpɔrts]
transport company	transporta kompānija (s)	[transpɔrta kɔmpa:nija]
to transport (vt)	transportēt	[transpɔrte:t]

wagon	vagons (v)	[vagɔns]
tank (e.g., oil ~)	cisterna (s)	[tsisterna]
lorry	kravas automašīna (s)	[kravas autɔmaʃi:na]

machine tool	darbmašīna (s)	[darbmaʃi:na]
mechanism	mehānisms (v)	[mexa:nisms]

industrial waste	atkritumi (v dsk)	[atkritumi]
packing (process)	iesaiņošana (s)	[iɛsaiɲɔʃana]
to pack (vt)	iesaiņot	[iɛsaiɲɔt]

73. Contract. Agreement

contract	līgums (v)	[li:gums]
agreement	vienošanās (s)	[viɛnɔʃana:s]
addendum	pielikums (v)	[piɛlikums]

to sign a contract	noslēgt līgumu	[nɔsle:gt li:gumu]
signature	paraksts (v)	[paraksts]
to sign (vt)	parakstīt	[paraksti:t]
seal (stamp)	zīmogs (v)	[zi:mɔgs]

subject of the contract	līguma priekšmets (v)	[li:guma priɛkʃmets]
clause	punkts (v)	[punkts]
parties (in contract)	puses (s dsk)	[puses]
legal address	juridiska adrese (s)	[juridiska adrɛse]

to violate the contract	pārkāpt līgumu	[pa:rka:pt li:gumu]
commitment (obligation)	pienākums (v)	[piɛna:kums]
responsibility	atbildība (s)	[atbildi:ba]

force majeure	nepārvarama vara (s)	[nɛpa:rvarama vara]
dispute	strīds (v)	[stri:ds]
penalties	soda sankcijas (s dsk)	[sɔda sanktsijas]

74. Import & Export

import	imports (v)	[impɔrts]
importer	importētājs (v)	[impɔrtɛ:ta:js]
to import (vt)	importēt	[impɔrte:t]
import (as adj.)	importa-	[impɔrta-]

export (exportation)	eksports (v)	[ekspɔrts]
exporter	eksportētājs (v)	[ekspɔrtɛ:ta:js]
to export (vt)	eksportēt	[ekspɔrte:t]
export (as adj.)	eksporta	[ekspɔrta]

| goods (merchandise) | prece (s) | [pretse] |
| consignment, lot | partija (s) | [partija] |

weight	svars (v)	[svars]
volume	apjoms (v)	[apjɔms]
cubic metre	kubikmetrs (v)	[kubikmetrs]

manufacturer	ražotājs (v)	[raʒota:js]
transport company	transporta kompānija (s)	[transpɔrta kɔmpa:nija]
container	konteiners (v)	[kɔntɛinɛrs]

border	robeža (s)	[rɔbeʒa]
customs	muita (s)	[muita]
customs duty	muitas nodeva (s)	[muitas nɔdɛva]
customs officer	muitas ierēdnis (v)	[muitas iɛre:dnis]
smuggling	kontrabanda (s)	[kɔntrabanda]
contraband	kontrabanda (s)	[kɔntrabanda]
(smuggled goods)		

75. Finances

share, stock	akcija (s)	[aktsija]
bond (certificate)	obligācija (s)	[ɔbliga:tsija]
promissory note	vekselis (v)	[vekselis]

| stock exchange | birža (s) | [birʒa] |
| stock price | akciju kurss (v) | [aktsiju kurs] |

to go down	kļūt lētākam	[klʲu:t lɛ:ta:kam]
(become cheaper)		
to go up (become	kļūt dārgākam	[klʲu:t da:rga:kam]
more expensive)		

share	akcija, paja (s)	[aktsija], [paja]
controlling interest	kontroles pakete (s)	[kɔntrɔles pakɛte]
investment	investīcijas (s dsk)	[investi:tsijas]

to invest (vt)	investēt	[investe:t]
percent	procents (v)	[protsents]
interest (on investment)	procenti (v dsk)	[protsenti]

profit	peļņa (s)	[peliɲa]
profitable (adj)	ienesīgs	[iɛnesi:gs]
tax	nodoklis (v)	[nɔdɔklis]

currency (foreign ~)	valūta (s)	[valu:ta]
national (adj)	nacionāls	[natsiɔna:ls]
exchange (currency ~)	apmaiņa (s)	[apmaiɲa]

| accountant | grāmatvedis (v) | [gra:matvedis] |
| accounting | grāmatvedība (s) | [gra:matvedi:ba] |

bankruptcy	bankrots (v)	[bankrɔts]
collapse, ruin	krahs (v)	[kraxs]
ruin	izputēšana (s)	[izpute:ʃana]
to be ruined (financially)	izputēt	[izpute:t]
inflation	inflācija (s)	[infla:tsija]
devaluation	devalvācija (s)	[dɛvalva:tsija]

capital	kapitāls (v)	[kapita:ls]
income	ienākums (v)	[iɛna:kums]
turnover	apgrieziens (v)	[apgriɛziɛns]
resources	resursi (v dsk)	[rɛsursi]
monetary resources	naudas līdzekļi (v dsk)	[naudas li:dzeklʲi]

| overheads | pieskaitāmie izdevumi (v dsk) | [piɛskaita:miɛ izdɛvumi] |
| to reduce (expenses) | samazināt | [samazina:t] |

76. Marketing

marketing	mārketings (v)	[ma:rketiŋgs]
market	tirgus (v)	[tirgus]
market segment	tirgus segments (v)	[tirgus segments]
product	produkts (v)	[prɔdukts]
goods (merchandise)	prece (s)	[pretse]

brand	zīmols (v)	[zi:mɔls]
trademark	tirdzniecības zīme (s)	[tirdzniɛtsi:bas zi:me]
logotype	firmas zīme (s)	[firmas zi:me]
logo	logotips (v)	[lɔgɔtips]

demand	pieprasījums (v)	[piɛprasi:jums]
supply	piedāvājums (v)	[piɛda:va:jums]
need	vajadzība (s)	[vajadzi:ba]
consumer	patērētājs (v)	[patɛ:rɛ:ta:js]

analysis	analīze (s)	[anali:ze]
to analyse (vt)	analizēt	[analize:t]
positioning	pozicionēšana (s)	[pɔzitsiɔne:ʃana]
to position (vt)	pozicionēt	[pɔzitsiɔne:t]
price	cena (s)	[tsɛna]

| pricing policy | cenu politika (s) | [tsenu politika] |
| price formation | cenu izveidošana (s) | [tsenu izvɛidɔʃana] |

77. Advertising

advertising	reklāma (s)	[rekla:ma]
to advertise (vt)	reklamēt	[reklame:t]
budget	budžets (v)	[budʒets]

ad, advertisement	reklāma (s)	[rekla:ma]
TV advertising	telereklāma (s)	[tɛlɛrekla:ma]
radio advertising	radioreklāma (s)	[radiɔrekla:ma]
outdoor advertising	ārējā reklāma (s)	[a:re:ja: rekla:ma]

mass medias	masu informācijas līdzekļi (v dsk)	[masu infɔrma:tsijas li:dzeklʲi]
periodical (n)	periodisks izdevums (v)	[periɔdisks izdɛvums]
image (public appearance)	imidžs (v)	[imidʒs]

| slogan | lozungs (v) | [lɔzuŋgs] |
| motto (maxim) | devīze (s) | [devi:ze] |

campaign	kampaņa (s)	[kampaɲa]
advertising campaign	reklāmas kampaņa (s)	[rekla:mas kampaɲa]
target group	mērķa auditorija (s)	[me:rtʲa auditɔrija]

business card	vizītkarte (s)	[vizi:tkarte]
leaflet (promotional ~)	skrejlapa (s)	[skrejlapa]
brochure (e.g. 12 pages ~)	brošūra (s)	[brɔʃu:ra]
pamphlet	buklets (v)	[buklets]
newsletter	slimības lapa (s)	[slimi:bas lapa]

signboard (store sign, etc.)	izkārtne (s)	[izka:rtne]
poster	plakāts (v)	[plaka:ts]
hoarding	reklāmu dēlis (v)	[rɛkla:mu dɔ:liɛ]

78. Banking

| bank | banka (s) | [banka] |
| branch (of a bank) | nodaļa (s) | [nɔdalʲa] |

| consultant | konsultants (v) | [kɔnsultants] |
| manager (director) | pārvaldnieks (v) | [pa:rvaldniɛks] |

bank account	konts (v)	[kɔnts]
account number	konta numurs (v)	[kɔnta numurs]
current account	tekošais konts (v)	[tekɔʃais kɔnts]
deposit account	iekrājumu konts (v)	[iɛkra:jumu kɔnts]

to open an account	atvērt kontu	[atve:rt kɔntu]
to close the account	aizvērt kontu	[aizve:rt kɔntu]
to deposit into the account	nolikt kontā	[nɔlikt kɔnta:]

to withdraw (vt)	izņemt no konta	[izɲemt nɔ kɔnta]
deposit	ieguldījums (v)	[iɛguldi:jums]
to make a deposit	veikt ieguldījumu	[vɛikt iɛguldi:jumu]
wire transfer	pārskaitījums (v)	[pa:rskaiti:jums]
to wire, to transfer	pārskaitīt	[pa:rskaiti:t]

| sum | summa (s) | [summa] |
| How much? | Cik? | [tsik?] |

| signature | paraksts (v) | [paraksts] |
| to sign (vt) | parakstīt | [paraksti:t] |

credit card	kredītkarte (s)	[kredi:tkarte]
code (PIN code)	kods (v)	[kɔds]
credit card number	kredītkartes numurs (v)	[kredi:tkartes numurs]
cashpoint	bankomāts (v)	[bankɔma:ts]

cheque	čeks (v)	[tʃeks]
to write a cheque	izrakstīt čeku	[izraksti:t tʃɛku]
chequebook	čeku grāmatiņa (s)	[tʃɛku gra:matiɲa]

loan (bank ~)	kredīts (v)	[kredi:ts]
to apply for a loan	griezties pēc kredīta	[griɛzties pe:ts kredi:ta]
to get a loan	ņemt kredītu	[ɲemt kredi:tu]
to give a loan	dot kredītu	[dɔt kredi:tu]
guarantee	garantija (s)	[garantija]

79. Telephone. Phone conversation

telephone	tālrunis (v)	[ta:lrunis]
mobile phone	mobilais tālrunis (v)	[mɔbilais ta:lrunis]
answerphone	autoatbildētājs (v)	[autɔatbildɛ:ta:js]

| to call (by phone) | zvanīt | [zvani:t] |
| call, ring | zvans (v) | [zvans] |

to dial a number	uzgriezt telefona numuru	[uzgriɛzt tɛlefɔna numuru]
Hello!	Hallo!	[xallɔ!]
to ask (vt)	pajautāt	[pajauta:t]
to answer (vi, vt)	atbildēt	[atbilde:t]

to hear (vt)	dzirdēt	[dzirde:t]
well (adv)	labi	[labi]
not well (adv)	slikti	[slikti]
noises (interference)	traucējumi (v dsk)	[trautse:jumi]

receiver	klausule (s)	[klausule]
to pick up (~ the phone)	noņemt klausuli	[nɔɲemt klausuli]
to hang up (~ the phone)	nolikt klausuli	[nɔlikt klausuli]

busy (engaged)	aizņemts	[aizɲemts]
to ring (ab. phone)	zvanīt	[zvani:t]
telephone book	telefona grāmata (s)	[tɛlefɔna gra:mata]
local (adj)	vietējais	[viɛte:jais]

local call	vietējais zvans (v)	[viɛte:jais zvans]
trunk (e.g. ~ call)	starppilsētu	[starppilsɛ:tu]
trunk call	starppilsētu zvans (v)	[starppilsɛ:tu zvans]
international (adj)	starptautiskais	[starptautiskais]
international call	starptautiskais zvans (v)	[starptautiskais zvans]

80. Mobile telephone

mobile phone	mobilais tālrunis (v)	[mobilais ta:lrunis]
display	displejs (v)	[displejs]
button	poga (s)	[poga]
SIM card	SIM-karte (s)	[sim-karte]

battery	baterija (s)	[baterija]
to be flat (battery)	izlādēties	[izla:de:tiɛs]
charger	uzlādes ierīce (s)	[uzla:des iɛri:tse]

menu	izvēlne (s)	[izve:lne]
settings	uzstādījumi (v dsk)	[uzsta:di:jumi]
tune (melody)	melodija (s)	[melodija]
to select (vt)	izvēlēties	[izvɛ:le:tiɛs]

calculator	kalkulators (v)	[kalkulators]
voice mail	autoatbildētājs (v)	[autoatbildɛ:ta:js]
alarm clock	modinātājs (v)	[modina:ta:js]
contacts	telefona grāmata (s)	[tɛlefona gra:mata]

SMS (text message)	SMS-ziņa (s)	[sms-ziɲa]
subscriber	abonents (v)	[abonents]

81. Stationery

ballpoint pen	lodīšu pildspalva (s)	[lodɪ:ʃu pildspɑlva]
fountain pen	spalvaskāts (v)	[spalvaska:ts]

pencil	zīmulis (v)	[zi:mulis]
highlighter	marķieris (v)	[martʲiɛris]
felt-tip pen	flomasteris (v)	[flomasteris]

notepad	bloknots (v)	[bloknots]
diary	dienasgrāmata (s)	[diɛnasgra:mata]

ruler	lineāls (v)	[linea:ls]
calculator	kalkulators (v)	[kalkulators]
rubber	dzēšgumija (s)	[dze:ʃgumija]
drawing pin	piespraude (s)	[piɛspraude]
paper clip	saspraude (s)	[saspraude]

glue	līme (s)	[li:me]
stapler	skavotājs (v)	[skavota:js]
hole punch	caurumotājs (v)	[tsaurumota:js]
pencil sharpener	zīmuļu asināmais (v)	[zi:mulʲu asina:mais]

82. Kinds of business

accounting services	grāmatvežu pakalpojumi (v dsk)	[gra:matveʒu pakalpɔjumi]
advertising	reklāma (s)	[rekla:ma]
advertising agency	reklāmas aģentūra (s)	[rekla:mas adʲentu:ra]
air-conditioners	kondicionieri (v dsk)	[kɔnditsiɔniɛri]
airline	aviokompānija (s)	[aviɔkɔmpa:nija]
alcoholic beverages	alkoholiskie dzērieni (v dsk)	[alkɔxɔliskiɛ dze:riɛni]
antiques (antique dealers)	antikvariāts (v)	[antikvaria:ts]
art gallery (contemporary ~)	mākslas galerija (s)	[ma:kslas galerija]
audit services	audita pakalpojumi (v dsk)	[audita pakalpɔjumi]
banking industry	banku bizness (v)	[banku biznes]
beauty salon	skaistuma salons (v)	[skaistuma salɔns]
bookshop	grāmatnīca (s)	[gra:matni:tsa]
brewery	alus darītava (s)	[alus dari:tava]
business centre	bizness-centrs (v)	[biznes-tsentrs]
business school	bizness-skola (s)	[biznes-skɔla]
casino	kazino (v)	[kazinɔ]
chemist, pharmacy	aptieka (s)	[aptiɛka]
cinema	kinoteātris (v)	[kinɔtea:tris]
construction	būvniecība (s)	[bu:vniɛtsi:ba]
consulting	konsultācijas (s dsk)	[kɔnsulta:tsijas]
dental clinic	stomatoloģija (s)	[stɔmatɔlɔdʲija]
design	dizains (v)	[dizains]
dry cleaners	ķīmiskā tīrītava (s)	[tʲi:miska: ti:ri:tava]
employment agency	nodarbinātības aģentūra (s)	[nɔdarbina:ti:bas adʲentu:ra]
financial services	finanšu pakalpojumi (v dsk)	[finanʃu pakalpɔjumi]
food products	pārtikas produkti (v dsk)	[pa:rtikas prɔdukti]
furniture (e.g. house ~)	mēbeles (s dsk)	[me:bɛles]
clothing, garment	apģērbs (v)	[apdʲe:rbs]
hotel	viesnīca (s)	[viɛsni:tsa]
ice-cream	saldējums (v)	[salde:jums]
industry (manufacturing)	rūpniecība (s)	[ru:pniɛtsi:ba]
insurance	apdrošināšana (s)	[apdrɔʃina:ʃana]
Internet	internets (v)	[internets]
investments (finance)	investīcijas (s dsk)	[investi:tsijas]
jeweller	juvelieris (v)	[juveliɛris]
jewellery	juvelieru izstrādājumi (v dsk)	[juveliɛru izstra:da:jumi]
laundry (shop)	veļas mazgātava (s)	[vɛlʲas mazga:tava]
legal adviser	juristu pakalpojumi (v dsk)	[juristu pakalpɔjumi]
light industry	vieglā rūpniecība (s)	[viɛgla: ru:pniɛtsi:ba]
magazine	žurnāls (v)	[ʒurna:ls]
mail order selling	tirdzniecība pēc katalogu (s)	[tirdzniɛtsi:ba pe:ts katalɔgu]
medicine	medicīna (s)	[meditsi:na]
museum	muzejs (v)	[muzejs]
news agency	informāciju aģentūra (s)	[infɔrma:tsiju adʲentu:ra]

| newspaper | laikraksts (v) | [laikraksts] |
| nightclub | naktsklubs (v) | [naktsklubs] |

oil (petroleum)	nafta (s)	[nafta]
courier services	kurjeru dienests (v)	[kurjeru diɛnests]
pharmaceutics	farmācija (s)	[farma:tsija]
printing (industry)	poligrāfija (s)	[poligra:fija]
pub	bārs (v)	[ba:rs]
publishing house	izdevniecība (s)	[izdevniɛtsi:ba]

radio (~ station)	radio (v)	[radiɔ]
real estate	nekustamais īpašums (v)	[nɛkustamais i:paʃums]
restaurant	restorāns (v)	[restɔra:ns]

security company	apsardzes aģentūra (s)	[apsardzes adʲentu:ra]
shop	veikals (v)	[vɛikals]
sport	sports (v)	[spɔrts]
stock exchange	birža (s)	[birʒa]
supermarket	lielveikals (v)	[liɛlvɛikals]
swimming pool (public ~)	baseins (v)	[basɛins]

tailor shop	ateljē (v)	[atelje:]
television	televīzija (s)	[tɛlevi:zija]
theatre	teātris (v)	[tea:tris]
trade (commerce)	tirdzniecība (s)	[tirdzniɛtsi:ba]
transport companies	pārvadājumi (v dsk)	[pa:rvada:jumi]
travel	tūrisms (v)	[tu:risms]

undertakers	apbedīšanas birojs (v)	[apbedi:ʃanas birɔjs]
veterinary surgeon	veterinārs (v)	[vɛterina:rs]
warehouse	noliktava (s)	[nɔliktava]
waste collection	atkritumu izvešana (s)	[atkritumu izveʃana]

Job. Business. Part 2

83. Show. Exhibition

exhibition, show	izstāde (s)	[izsta:de]
trade show	tirdzniecības izstāde (s)	[tirdzniɛtsi:bas izsta:de]
participation	piedalīšanās (s)	[piɛdali:ʃana:s]
to participate (vi)	piedalīties	[piɛdali:tiɛs]
participant (exhibitor)	dalībnieks (v)	[dali:bniɛks]
director	direktors (v)	[direktɔrs]
organizers' office	direkcija (s)	[direktsija]
organizer	organizators (v)	[ɔrganizatɔrs]
to organize (vt)	organizēt	[ɔrganize:t]
participation form	pieteikums (v) dalībai	[piɛtɛikums dali:bai]
to fill in (vt)	aizpildīt	[aizpildi:t]
details	detaļas (s dsk)	[dɛtaļas]
information	informācija (s)	[infɔrma:tsija]
price (cost, rate)	cena (s)	[tsɛna]
including	ieskaitot	[iɛskaitɔt]
to include (vt)	ietvert	[iɛtvert]
to pay (vi, vt)	maksāt	[maksa:t]
registration fee	reģistrācijas iemaksa (s)	[redⁱistra:tsijas iɛmaksa]
entrance	ieeja (s)	[iɛeja]
pavilion, hall	paviljons (v)	[paviljɔns]
to register (vt)	reģistrēt	[redⁱistre:t]
badge (identity tag)	personas karte (s)	[pɛrsɔnas karte]
stand	stends (v)	[stends]
to reserve, to book	rezervēt	[rɛzerve:t]
display case	skatlogs (v)	[skatlɔgs]
spotlight	gaismeklis (v)	[gaismeklis]
design	dizains (v)	[dizains]
to place (put, set)	izvietot	[izviɛtɔt]
to be placed	atrasties	[atrastiɛs]
distributor	izplatītājs (v)	[izplati:ta:js]
supplier	piegādātājs (v)	[piɛga:da:ta:js]
to supply (vt)	piegādāt	[piɛga:da:t]
country	valsts (s)	[valsts]
foreign (adj)	ārzemju	[a:rzemju]
product	produkts (v)	[prɔdukts]
association	asociācija (s)	[asɔtsia:tsija]
conference hall	konferenču zāle (s)	[kɔnfɛrentʃu za:le]

congress	kongress (v)	[koŋgres]
contest (competition)	konkurss (v)	[konkurs]

visitor (attendee)	apmeklētājs (v)	[apmeklɛ:ta:js]
to visit (attend)	apmeklēt	[apmekle:t]
customer	pasūtītājs (v)	[pasu:ti:ta:js]

84. Science. Research. Scientists

science	zinātne (s)	[zina:tne]
scientific (adj)	zinātnisks	[zina:tnisks]
scientist	zinātnieks (v)	[zina:tnieks]
theory	teorija (s)	[teorija]

axiom	aksioma (s)	[aksioma]
analysis	analīze (s)	[anali:ze]
to analyse (vt)	analizēt	[analize:t]
argument (strong ~)	arguments (v)	[arguments]
substance (matter)	viela (s)	[viɛla]

hypothesis	hipotēze (s)	[xipotɛ:ze]
dilemma	dilemma (s)	[dilemma]
dissertation	disertācija (s)	[diserta:tsija]
dogma	dogma (s)	[dogma]

doctrine	doktrīna (s)	[doktri:na]
research	pētījums (v)	[pe:ti:jums]
to research (vt)	pētīt	[pe:ti:t]
tests (laboratory ~)	kontrole (s)	[kontrole]
laboratory	laboratorija (s)	[laboratorija]

method	metode (s)	[metode]
molecule	molekula (s)	[molɛkula]
monitoring	monitorings (v)	[monitoriŋgs]
discovery (act, event)	atklājums (v)	[atkla:jums]

postulate	postulāts (v)	[postula:ts]
principle	princips (v)	[printsips]
forecast	prognoze (s)	[prognoze]
to forecast (vt)	prognozēt	[prognoze:t]

synthesis	sintēze (s)	[sintɛ:ze]
trend (tendency)	tendence (s)	[tendentse]
theorem	teorēma (s)	[teorɛ:ma]

teachings	mācība (s)	[ma:tsi:ba]
fact	fakts (v)	[fakts]
expedition	ekspedīcija (s)	[ekspedi:tsija]
experiment	eksperiments (v)	[eksperiments]

academician	akadēmiķis (v)	[akade:mitʲis]
bachelor (e.g. ~ of Arts)	bakalaurs (v)	[bakalaurs]
doctor (PhD)	doktors (v)	[doktors]
Associate Professor	docents (v)	[dotsents]

| Master (e.g. ~ of Arts) | **maģistrs** (v) | [madʲistrs] |
| professor | **profesors** (v) | [profesors] |

Professions and occupations

job	darbs (v)	[darbs]
staff (work force)	štats (v)	[ʃtats]
personnel	personāls (v)	[pɛrsɔna:ls]
career	karjera (s)	[karjera]
prospects (chances)	perspektīva (s)	[pɛrspekti:va]
skills (mastery)	meistarība (s)	[mɛistari:ba]
selection (screening)	izlase (s)	[izlase]
employment agency	nodarbinātības aģentūra (s)	[nɔdarbina:ti:bas adʲentu:ra]
curriculum vitae, CV	kopsavilkums (v)	[kɔpsavilkums]
job interview	darba intervija (s)	[darba intervija]
vacancy	vakance (s)	[vakantse]
salary, pay	darba alga (s)	[darba alga]
fixed salary	alga (s)	[alga]
pay, compensation	samaksa (s)	[samaksa]
position (job)	amats (v)	[amats]
duty (of an employee)	pienākums (v)	[piɛna:kums]
range of duties	loks (v)	[lɔks]
busy (I'm ~)	aizņemts	[aizɲemts]
to fire (dismiss)	atlaist	[atlaist]
dismissal	atlaišana (s)	[atlaiʃana]
unemployment	bezdarbs (v)	[bezdarbs]
unemployed (n)	bezdarbnieks (v)	[bezdarbniɛks]
retirement	pensija (s)	[pensija]
to retire (from job)	aiziet pensijā	[aiziɛt pensija:]

director	direktors (v)	[direktɔrs]
manager (director)	pārvaldnieks (v)	[pa:rvaldniɛks]
boss	vadītājs (v)	[vadi:ta:js]
superior	priekšnieks (v)	[priɛkʃniɛks]
superiors	priekšniecība (s)	[priɛkʃniɛtsi:ba]
president	prezidents (v)	[prezidents]
chairman	priekšsēdētājs (v)	[priɛkʃsɛ:dɛ:ta:js]
deputy (substitute)	aizvietotājs (v)	[aizviɛtota:js]
assistant	palīgs (v)	[pali:gs]

secretary	sekretārs (v)	[sekrɛta:rs]
personal assistant	personīgais sekretārs (v)	[pɛrsoni:gais sekrɛta:rs]
businessman	biznesmenis (v)	[biznesmenis]
entrepreneur	uzņēmējs (v)	[uzɲɛ:me:js]
founder	pamatlicējs (v)	[pamatlitse:js]
to found (vt)	nodibināt	[nodibina:t]
founding member	dibinātājs (v)	[dibina:ta:js]
partner	partneris (v)	[partneris]
shareholder	akcionārs (v)	[aktsiona:rs]
millionaire	miljonārs (v)	[miljona:rs]
billionaire	miljardieris (v)	[miljardiɛris]
owner, proprietor	īpašnieks (v)	[i:paʃniɛks]
landowner	zemes īpašnieks (v)	[zɛmes i:paʃniɛks]
client	klients (v)	[kliɛnts]
regular client	pastāvīgais klients (v)	[pasta:vi:gais kliɛnts]
buyer (customer)	pircējs (v)	[pirtse:js]
visitor	apmeklētājs (v)	[apmeklɛ:ta:js]
professional (n)	profesionālis (v)	[profesiona:lis]
expert	eksperts (v)	[eksperts]
specialist	speciālists (v)	[spetsia:lists]
banker	baņķieris (v)	[baɲtʲiɛris]
broker	brokeris (v)	[brokeris]
cashier	kasieris (v)	[kasiɛris]
accountant	grāmatvedis (v)	[gra:matvedis]
security guard	apsargs (v)	[apsargs]
investor	investors (v)	[investors]
debtor	parādnieks (v)	[para:dniɛks]
creditor	kreditors (v)	[kreditors]
borrower	aizņēmējs (v)	[aizɲɛ:me:js]
importer	importētājs (v)	[importɛ:ta:js]
exporter	eksportētājs (v)	[eksportɛ:ta:js]
manufacturer	ražotājs (v)	[raʒota:js]
distributor	izplatītājs (v)	[izplati:ta:js]
middleman	starpnieks (v)	[starpniɛks]
consultant	konsultants (v)	[konsultants]
sales representative	pārstāvis (v)	[pa:rsta:vis]
agent	aģents (v)	[adʲents]
insurance agent	apdrošināšanas aģents (v)	[apdroʃina:ʃanas adʲents]

87. Service professions

cook	pavārs (v)	[pava:rs]
chef (kitchen chef)	šefpavārs (v)	[ʃefpava:rs]

baker	maiznieks (v)	[maizniɛks]
barman	bārmenis (v)	[ba:rmenis]
waiter	oficiants (v)	[ɔfitsiants]
waitress	oficiante (s)	[ɔfitsiante]

lawyer, barrister	advokāts (v)	[advɔka:ts]
lawyer (legal expert)	jurists (v)	[jurists]
notary public	notārs (v)	[nɔta:rs]

electrician	elektriķis (v)	[ɛlektritʲis]
plumber	santehniķis (v)	[santexnitʲis]
carpenter	namdaris (v)	[namdaris]

masseur	masieris (v)	[masiɛris]
masseuse	masiere (s)	[masiɛre]
doctor	ārsts (v)	[a:rsts]

taxi driver	taksists (v)	[taksists]
driver	šoferis (v)	[ʃɔferis]
delivery man	kurjers (v)	[kurjers]

chambermaid	istabene (s)	[istabɛne]
security guard	apsargs (v)	[apsargs]
flight attendant (fem.)	stjuarte (s)	[stjuarte]

schoolteacher	skolotājs (v)	[skɔlɔta:js]
librarian	bibliotekārs (v)	[bibliɔtɛka:rs]
translator	tulks (v)	[tulks]
interpreter	tulks (v)	[tulks]
guide	gids (v)	[gids]

hairdresser	frizieris (v)	[friziɛris]
postman	pastnieks (v)	[pastniɛks]
salesman (store staff)	pārdevējs (v)	[pa:rdɛve:js]

gardener	dārznieks (v)	[da:rzniɛks]
domestic servant	kalps (v)	[kalps]
maid (female servant)	kalpone (s)	[kalpɔne]
cleaner (cleaning lady)	apkopēja (s)	[apkɔpe:ja]

88. Military professions and ranks

private	ierindnieks (v)	[iɛrindniɛks]
sergeant	seržants (v)	[serʒants]
lieutenant	leitnants (v)	[lɛitnants]
captain	kapteinis (v)	[kaptɛinis]

major	majors (v)	[majɔrs]
colonel	pulkvedis (v)	[pulkvedis]
general	ģenerālis (v)	[dʲɛnɛra:lis]
marshal	maršals (v)	[marʃals]
admiral	admirālis (v)	[admira:lis]
military (n)	karavīrs (v)	[karavi:rs]
soldier	karavīrs (v)	[karavi:rs]

| officer | virsnieks (v) | [virsnieks] |
| commander | komandieris (v) | [komandieris] |

border guard	robežsargs (v)	[robeʒsargs]
radio operator	radists (v)	[radists]
scout (searcher)	izlūks (v)	[izlu:ks]
pioneer (sapper)	sapieris (v)	[sapieris]
marksman	šāvējs (v)	[ʃa:ve:js]
navigator	stūrmanis (v)	[stu:rmanis]

89. Officials. Priests

| king | karalis (v) | [karalis] |
| queen | karaliene (s) | [karaliene] |

| prince | princis (v) | [printsis] |
| princess | princese (s) | [printsɛse] |

| czar | cars (v) | [tsars] |
| czarina | cariene (s) | [tsariene] |

president	prezidents (v)	[prezidents]
Secretary (minister)	ministrs (v)	[ministrs]
prime minister	premjerministrs (v)	[premjerministrs]
senator	senators (v)	[sɛnatɔrs]

diplomat	diplomāts (v)	[diplɔma:ts]
consul	konsuls (v)	[kɔnsuls]
ambassador	vēstnieks (v)	[ve:stnieks]
counselor (diplomatic officer)	padomnieks (v)	[padɔmnieks]

official, functionary (civil servant)	ierēdnis (v)	[iɛre:dnis]
prefect	prefekts (v)	[prefekts]
mayor	mērs (v)	[mɛ:rs]

| judge | tiesnesis (v) | [tiɛsnesis] |
| prosecutor | prokurors (v) | [prɔkurɔrs] |

missionary	misionārs (v)	[misiɔna:rs]
monk	mūks (v)	[mu:ks]
abbot	abats (v)	[abats]
rabbi	rabīns (v)	[rabi:ns]

vizier	vezīrs (v)	[vezi:rs]
shah	šahs (v)	[ʃaxs]
sheikh	šeihs (v)	[ʃɛixs]

90. Agricultural professions

| beekeeper | biškopis (v) | [biʃkɔpis] |
| shepherd | gans (v) | [gans] |

agronomist	agronoms (v)	[agronoms]
cattle breeder	lopkopis (v)	[lopkopis]
veterinary surgeon	veterinārs (v)	[vɛterina:rs]

farmer	fermeris (v)	[fermeris]
winemaker	vīndaris (v)	[vi:ndaris]
zoologist	zoologs (v)	[zoologs]
cowboy	kovbojs (v)	[kovbojs]

91. Art professions

actor	aktieris (v)	[aktiɛris]
actress	aktrise (s)	[aktrise]

singer (masc.)	dziedātājs (v)	[dziɛda:ta:js]
singer (fem.)	dziedātāja (s)	[dziɛda:ta:ja]

dancer (masc.)	dejotājs (v)	[dejota:js]
dancer (fem.)	dejotāja (s)	[dejota:ja]

performer (masc.)	mākslinieks (v)	[ma:kslinieks]
performer (fem.)	māksliniece (s)	[ma:klinietse]

musician	mūziķis (v)	[mu:zitʲis]
pianist	pianists (v)	[pianists]
guitar player	ģitārists (v)	[dʲita:rists]

conductor (orchestra ~)	diriģents (v)	[diridʲents]
composer	komponists (v)	[komponists]
impresario	impresārijs (v)	[imprɛsa:rijs]

film director	režisors (v)	[reʒisors]
producer	producents (v)	[produtsents]
scriptwriter	scenārija autors (v)	[stsɛna:rija autors]
critic	kritiķis (v)	[krititʲis]

writer	rakstnieks (v)	[rakstniɛks]
poet	dzejnieks (v)	[dzejniɛks]
sculptor	skulptors (v)	[skulptors]
artist (painter)	mākslinieks (v)	[ma:ksliniɛks]

juggler	žonglieris (v)	[ʒoŋgliɛris]
clown	klauns (v)	[klauns]
acrobat	akrobāts (v)	[akroba:ts]
magician	burvju mākslinieks (v)	[burvju ma:ksliniɛks]

92. Various professions

doctor	ārsts (v)	[a:rsts]
nurse	medmāsa (s)	[medma:sa]
psychiatrist	psihiatrs (v)	[psixiatrs]
dentist	stomatologs (v)	[stomatologs]

surgeon	ķirurgs (v)	[tʲirurgs]
astronaut	astronauts (v)	[astrɔnauts]
astronomer	astronoms (v)	[astrɔnɔms]
driver (of a taxi, etc.)	vadītājs (v)	[vadi:ta:js]
train driver	mašīnists (v)	[maʃi:nists]
mechanic	mehāniķis (v)	[mexa:nitʲis]
miner	oglracis (v)	[ɔglʲratsis]
worker	strādnieks (v)	[stra:dniɛks]
locksmith	atslēdznieks (v)	[atsle:dzniɛks]
joiner (carpenter)	galdnieks (v)	[galdniɛks]
turner (lathe operator)	virpotājs (v)	[virpɔta:js]
building worker	celtnieks (v)	[tseltniɛks]
welder	metinātājs (v)	[metina:ta:js]
professor (title)	profesors (v)	[prɔfesɔrs]
architect	arhitekts (v)	[arxitekts]
historian	vēsturnieks (v)	[ve:sturniɛks]
scientist	zinātnieks (v)	[zina:tniɛks]
physicist	fiziķis (v)	[fizitʲis]
chemist (scientist)	ķīmiķis (v)	[tʲi:mitʲis]
archaeologist	arheologs (v)	[arxeɔlɔgs]
geologist	ģeologs (v)	[dʲeɔlɔgs]
researcher (scientist)	pētnieks (v)	[pe:tniɛks]
babysitter	aukle (s)	[aukle]
teacher, educator	pedagogs (v)	[pɛdagɔgs]
editor	redaktors (v)	[rɛdaktɔrs]
editor-in-chief	galvenais redaktors (v)	[galvɛnais rɛdaktɔrs]
correspondent	korespondents (v)	[kɔrespɔndents]
typist (fem.)	mašīnrakstītāja (s)	[maʃi:nraksti:ta:ja]
designer	dizainers (v)	[dizainɛrs]
computer expert	datoru eksperts (v)	[datɔru eksperts]
programmer	programmētājs (v)	[prɔgrammɛ:ta:js]
engineer (designer)	inženieris (v)	[inʒeniɛris]
sailor	jūrnieks (v)	[ju:rniɛks]
seaman	matrozis (v)	[matrɔzis]
rescuer	glābējs (v)	[gla:be:js]
firefighter	ugunsdzēsējs (v)	[ugunsdzɛ:se:js]
police officer	policists (v)	[pɔlitsists]
watchman	sargs (v)	[sargs]
detective	detektīvs (v)	[dɛtekti:vs]
customs officer	muitas ierēdnis (v)	[muitas iɛre:dnis]
bodyguard	miesassargs (v)	[miɛsasargs]
prison officer	uzraugs (v)	[uzraugs]
inspector	inspektors (v)	[inspektɔrs]
sportsman	sportists (v)	[spɔrtists]
trainer, coach	treneris (v)	[trɛneris]

butcher	miesnieks (v)	[miɛsniɛks]
cobbler (shoe repairer)	kurpnieks (v)	[kurpniɛks]
merchant	komersants (v)	[kɔmɛrsants]
loader (person)	krāvējs (v)	[kra:ve:js]

| fashion designer | modelētājs (v) | [mɔdɛlɛ:ta:js] |
| model (fem.) | modele (s) | [mɔdɛle] |

93. Occupations. Social status

| schoolboy | skolnieks (v) | [skɔlniɛks] |
| student (college ~) | students (v) | [students] |

philosopher	filosofs (v)	[filɔsɔfs]
economist	ekonomists (v)	[ekɔnɔmists]
inventor	izgudrotājs (v)	[izgudrɔta:js]

unemployed (n)	bezdarbnieks (v)	[bezdarbniɛks]
retiree, pensioner	pensionārs (v)	[pensiɔna:rs]
spy, secret agent	spiegs (v)	[spiɛgs]

prisoner	ieslodzītais (v)	[iɛslɔdzi:tais]
striker	streikotājs (v)	[strɛikɔta:js]
bureaucrat	birokrāts (v)	[birɔkra:ts]
traveller (globetrotter)	ceļotājs (v)	[tselʲɔta:js]

gay, homosexual (n)	homoseksuālists (v)	[xɔmɔseksua:lists]
hacker	hakeris (v)	[xakeris]
hippie	hipijs (v)	[xipijs]

bandit	bandīts (v)	[bandi:ts]
hit man, killer	algots slepkava (v)	[algɔts slepkava]
drug addict	narkomāns (v)	[narkɔma:ns]
drug dealer	narkotiku tirgotājs (v)	[narkɔtiku tirgɔta:js]
prostitute (fem.)	prostitūta (s)	[prɔstɪtu:ta]
pimp	suteners (v)	[sutɛnɛrs]

sorcerer	burvis (v)	[burvis]
sorceress (evil ~)	burve (s)	[burve]
pirate	pirāts (v)	[pira:ts]
slave	vergs (v)	[vergs]
samurai	samurajs (v)	[samurajs]
savage (primitive)	mežonis (v)	[meʒɔnis]

Education

94. School

school	**skola** (s)	[skɔla]
headmaster	**skolas direktors** (v)	[skɔlas direktɔrs]
student (m)	**skolnieks** (v)	[skɔlniɛks]
student (f)	**skolniece** (s)	[skɔlniɛtse]
schoolboy	**skolnieks** (v)	[skɔlniɛks]
schoolgirl	**skolniece** (s)	[skɔlniɛtse]
to teach (sb)	**mācīt**	[maːtsiːt]
to learn (language, etc.)	**mācīties**	[maːtsiːtiɛs]
to learn by heart	**mācīties no galvas**	[maːtsiːties nɔ galvas]
to learn (~ to count, etc.)	**mācīties**	[maːtsiːtiɛs]
to be at school	**mācīties**	[maːtsiːtiɛs]
to go to school	**iet skolā**	[iɛt skɔlaː]
alphabet	**alfabēts** (v)	[alfabeːts]
subject (at school)	**mācības priekšmets** (v)	[maːtsiːbas priɛkʃmets]
classroom	**klase** (s)	[klase]
lesson	**stunda** (s)	[stunda]
playtime, break	**starpbrīdis** (v)	[starpbriːdis]
school bell	**zvans** (v)	[zvans]
school desk	**skolas sols** (v)	[skɔlas sɔls]
blackboard	**tāfele** (s)	[taːfɛle]
mark	**atzīme** (s)	[atziːme]
good mark	**laba atzīme** (s)	[laba atziːme]
bad mark	**slikta atzīme** (s)	[slikta atziːme]
to give a mark	**likt atzīmi**	[likt atziːmi]
mistake, error	**kļūda** (s)	[klʲuːda]
to make mistakes	**kļūdīties**	[klʲuːdiːtiɛs]
to correct (an error)	**labot**	[labɔt]
crib	**špikeris** (v)	[ʃpikeris]
homework	**mājas darbs** (v)	[maːjas darbs]
exercise (in education)	**vingrinājums** (v)	[viŋgrinaːjums]
to be present	**būt klāt**	[buːt klaːt]
to be absent	**nebūt klāt**	[nɛbuːt klaːt]
to miss school	**kavēt stundas**	[kaveːt stundas]
to punish (vt)	**sodīt**	[sɔdiːt]
punishment	**sods** (v)	[sɔds]
conduct (behaviour)	**uzvedība** (s)	[uzvediːba]

school report	dienasgrāmata (s)	[diɛnasgra:mata]
pencil	zīmulis (v)	[zi:mulis]
rubber	dzēšgumija (s)	[dze:ʃgumija]
chalk	krīts (v)	[kri:ts]
pencil case	penālis (v)	[pɛna:lis]

schoolbag	portfelis (v)	[portfelis]
pen	pildspalva (s)	[pildspalva]
exercise book	burtnīca (s)	[burtni:tsa]
textbook	mācību grāmata (s)	[ma:tsi:bu gra:mata]
compasses	cirkulis (v)	[tsirkulis]

| to make technical drawings | rasēt | [rase:t] |
| technical drawing | rasējums (v) | [rase:jums] |

poem	dzejolis (v)	[dzejɔlis]
by heart (adv)	no galvas	[nɔ galvas]
to learn by heart	mācīties no galvas	[ma:tsi:ties nɔ galvas]

school holidays	brīvlaiks (v)	[bri:vlaiks]
to be on holiday	būt brīvlaikā	[bu:t bri:vlaika:]
to spend holidays	pavadīt brīvlaiku	[pavadi:t bri:vlaiku]

test (at school)	kontroldarbs (v)	[kɔntrɔldarbs]
essay (composition)	sacerējums (v)	[satsɛre:jums]
dictation	diktāts (v)	[dikta:ts]
exam (examination)	eksāmens (v)	[eksa:mens]
to do an exam	likt eksāmenus	[likt eksa:menus]
experiment	mēģinājums (v)	[me:dⁱina:jums]
(e.g., chemistry ~)		

95. College. University

academy	akadēmija (s)	[akade:mija]
university	universitāte (s)	[unⁱivɛrsila.le]
faculty (e.g., ~ of Medicine)	fakultāte (s)	[fakulta:te]

student (masc.)	students (v)	[students]
student (fem.)	studente (s)	[studente]
lecturer (teacher)	pasniedzējs (v)	[pasniɛdze:js]

| lecture hall, room | auditorija (s) | [auditɔrija] |
| graduate | absolvents (v) | [absɔlvents] |

| diploma | diploms (v) | [diplɔms] |
| dissertation | disertācija (s) | [diserta:tsija] |

| study (report) | pētījums (v) | [pe:ti:jums] |
| laboratory | laboratorija (s) | [labɔratɔrija] |

lecture	lekcija (s)	[lektsija]
coursemate	kursa biedrs (v)	[kursa biɛdrs]
scholarship, bursary	stipendija (s)	[stipendija]
academic degree	zinātniskais grāds (v)	[zina:tniskais gra:ds]

96. Sciences. Disciplines

mathematics	matemātika (s)	[matɛmaːtika]
algebra	algebra (s)	[algebra]
geometry	ģeometrija (s)	[dʲeɔmetrija]

astronomy	astronomija (s)	[astrɔnɔmija]
biology	bioloģija (s)	[biɔlɔdʲija]
geography	ģeogrāfija (s)	[dʲeɔgraːfija]
geology	ģeoloģija (s)	[dʲeɔlɔdʲija]
history	vēsture (s)	[veːsture]

medicine	medicīna (s)	[meditsiːna]
pedagogy	pedagoģija (s)	[pɛdagɔdʲija]
law	tieslietas (s dsk)	[tiɛsliɛtas]

physics	fizika (s)	[fizika]
chemistry	ķīmija (s)	[tʲiːmija]
philosophy	filozofija (s)	[filɔzɔfija]
psychology	psiholoģija (s)	[psixɔlɔdʲija]

97. Writing system. Orthography

grammar	gramatika (s)	[gramatika]
vocabulary	leksika (s)	[leksika]
phonetics	fonētika (s)	[fɔneːtika]

noun	lietvārds (v)	[liɛtvaːrds]
adjective	īpašības vārds (v)	[iːpaʃiːbas vaːrds]
verb	darbības vārds (v)	[darbiːbas vaːrds]
adverb	apstākļa vārds (v)	[apstaːklʲa vaːrds]

pronoun	vietniekvārds (v)	[viɛtniɛkvaːrds]
interjection	izsauksmes vārds (v)	[izsauksmes vaːrds]
preposition	prievārds (v)	[priɛvaːrds]

root	vārda sakne (s)	[vaːrda sakne]
ending	galotne (s)	[galɔtne]
prefix	priedēklis (v)	[priɛdeːklis]
syllable	zilbe (s)	[zilbe]
suffix	sufikss (v)	[sufiks]

stress mark	uzsvars (v)	[uzsvars]
apostrophe	apostrofs (v)	[apɔstrɔfs]

full stop	punkts (v)	[punkts]
comma	komats (v)	[kɔmats]
semicolon	semikols (v)	[semikɔls]
colon	kols (v)	[kɔls]
ellipsis	daudzpunkte (s)	[daudzpunkte]

question mark	jautājuma zīme (s)	[jautaːjuma ziːme]
exclamation mark	izsaukuma zīme (s)	[izsaukuma ziːme]

inverted commas	pēdiņas (s dsk)	[pe:diɲas]
in inverted commas	pēdiņās	[pe:diɲa:s]
parenthesis	iekavas (s dsk)	[iɛkavas]
in parenthesis	iekavās	[iɛkava:s]

hyphen	defise (s)	[defise]
dash	domuzīme (s)	[dɔmuzi:me]
space (between words)	atstarpe (s)	[atstarpe]

| letter | burts (v) | [burts] |
| capital letter | lielais burts (v) | [liɛlais burts] |

| vowel (n) | patskanis (v) | [patskanis] |
| consonant (n) | līdzskanis (v) | [li:dzskanis] |

sentence	teikums (v)	[tɛikums]
subject	teikuma priekšmets (v)	[tɛikuma priɛkʃmets]
predicate	izteicējs (v)	[iztɛitse:js]

line	rinda (s)	[rinda]
on a new line	ar jaunu rindu	[ar jaunu rindu]
paragraph	rindkopa (s)	[rindkɔpa]

word	vārds (v)	[va:rds]
group of words	vārdkopa (s)	[va:rdkɔpa]
expression	izteiciens (v)	[iztɛitsiɛns]
synonym	sinonīms (v)	[sinɔni:ms]
antonym	antonīms (v)	[antɔni:ms]

rule	likums (v)	[likums]
exception	izņēmums (v)	[izɲɛ:mums]
correct (adj)	pareizs	[parɛizs]

conjugation	konjugācija (s)	[kɔnjuga:tsija]
declension	deklinācija (s)	[deklina:tsija]
nominal case	locījums (v)	[lɔtsi:jums]
question	jautājums (v)	[jauta:jums]
to underline (vt)	pasvītrot	[pasvi:trɔt]
dotted line	punktēta līnija (s)	[punktɛ:ta li:nija]

98. Foreign languages

language	valoda (s)	[valɔda]
foreign (adj)	svešs	[sveʃs]
foreign language	svešvaloda (s)	[sveʃvalɔda]
to study (vt)	pētīt	[pe:ti:t]
to learn (language, etc.)	mācīties	[ma:tsi:tiɛs]

to read (vi, vt)	lasīt	[lasi:t]
to speak (vi, vt)	runāt	[runa:t]
to understand (vt)	saprast	[saprast]
to write (vt)	rakstīt	[raksti:t]
fast (adv)	ātri	[a:tri]
slowly (adv)	lēni	[le:ni]

fluently (adv)	brīvi	[briːvi]
rules	noteikumi (v dsk)	[nɔtɛikumi]
grammar	gramatika (s)	[gramatika]
vocabulary	leksika (s)	[leksika]
phonetics	fonētika (s)	[fɔneːtika]

textbook	mācību grāmata (s)	[maːtsiːbu graːmata]
dictionary	vārdnīca (s)	[vaːrdniːtsa]
teach-yourself book	pašmācības grāmata (s)	[paʃmaːtsiːbas graːmata]
phrasebook	sarunvārdnīca (s)	[sarunvaːrdniːtsa]

cassette, tape	kasete (s)	[kasɛte]
videotape	videokasete (s)	[videɔkasɛte]
CD, compact disc	kompaktdisks (v)	[kɔmpaktdisks]
DVD	DVD (v)	[dvd]

alphabet	alfabēts (v)	[alfabeːts]
to spell (vt)	izrunāt pa burtiem	[izrunaːt pa burtiɛm]
pronunciation	izruna (s)	[izruna]

accent	akcents (v)	[aktsents]
with an accent	ar akcentu	[ar aktsentu]
without an accent	bez akcenta	[bez aktsenta]

| word | vārds (v) | [vaːrds] |
| meaning | nozīme (s) | [nɔziːme] |

course (e.g. a French ~)	kursi (v dsk)	[kursi]
to sign up	pierakstīties	[piɛrakstiːtiɛs]
teacher	pasniedzējs (v)	[pasniɛdzeːjs]

translation (process)	tulkošana (s)	[tulkɔʃana]
translation (text, etc.)	tulkojums (v)	[tulkɔjums]
translator	tulks (v)	[tulks]
interpreter	tulks (v)	[tulks]

| polyglot | poliglots (v) | [pɔliglɔts] |
| memory | atmiņa (s) | [atmiɲa] |

Rest. Entertainment. Travel

99. Trip. Travel

tourism, travel	tūrisms (v)	[tuːrisms]
tourist	tūrists (v)	[tuːrists]
trip, voyage	ceļojums (v)	[tselʲɔjums]
adventure	piedzīvojums (v)	[piɛdziːvɔjums]
trip, journey	brauciens (v)	[brautsiɛns]
holiday	atvaļinājums (v)	[atvalʲinaːjums]
to be on holiday	būt atvaļinājumā	[buːt atvalʲinaːjumaː]
rest	atpūta (s)	[atpuːta]
train	vilciens (v)	[viltsiɛns]
by train	ar vilcienu	[ar viltsiɛnu]
aeroplane	lidmašīna (s)	[lidmaʃiːna]
by aeroplane	ar lidmašīnu	[ar lidmaʃiːnu]
by car	ar automobili	[ar autɔmɔbili]
by ship	ar kuģi	[ar kudʲi]
luggage	bagāža (s)	[bagaːʒa]
suitcase	čemodāns (v)	[tʃemɔdaːns]
luggage trolley	bagāžas ratiņi (v dsk)	[bagaːʒas ratiɲi]
passport	pase (s)	[pase]
visa	vīza (s)	[viːza]
ticket	biļete (s)	[bilʲɛte]
air ticket	aviobiļete (s)	[aviɔbilʲɛte]
guidebook	ceļvedis (v)	[tselʲvedɪs]
map (tourist ~)	karte (s)	[karte]
area (rural ~)	apvidus (v)	[apvidus]
place, site	vieta (s)	[viɛta]
exotica (n)	eksotika (s)	[eksɔtika]
exotic (adj)	eksotisks	[eksɔtisks]
amazing (adj)	apbrīnojams	[apbriːnɔjams]
group	grupa (s)	[grupa]
excursion, sightseeing tour	ekskursija (s)	[ekskursija]
guide (person)	gids (v)	[gids]

100. Hotel

hotel	viesnīca (s)	[viɛsniːtsa]
motel	motelis (v)	[mɔtelis]
three-star (~ hotel)	trīszvaigžņu	[triːszvaigʒɲu]

five-star to stay (in a hotel, etc.)	pieczvaigžņu apmesties	[piɛtszvaigʒŋu] [apmestiɛs]
room single room double room to book a room	numurs (v) vienvietīgs numurs (v) divvietīgs numurs (v) rezervēt numuru	[numurs] [viɛnviɛti:gs numurs] [divviɛti:gs numurs] [rɛzerve:t numuru]
half board full board	pus pansija (s) pilna pansija (s)	[pus pansija] [pilna pansija]
with bath with shower satellite television air-conditioner towel key	ar vannu ar dušu satelīta televīzija (s) kondicionētājs (v) dvielis (v) atslēga (s)	[ar vannu] [ar duʃu] [sateli:ta tɛlevi:zija] [kɔnditsiɔnɛ:ta:js] [dviɛlis] [atslɛ:ga]
administrator chambermaid porter doorman	administrators (v) istabene (s) nesējs (v) portjē (v)	[administratɔrs] [istabɛne] [nɛse:js] [pɔrtje:]
restaurant pub, bar breakfast dinner buffet	restorāns (v) bārs (v) brokastis (s dsk) vakariņas (s dsk) zviedru galds (v)	[restɔra:ns] [ba:rs] [brɔkastis] [vakariɲas] [zviɛdru galds]
lobby lift	vestibils (v) lifts (v)	[vestibils] [lifts]
DO NOT DISTURB NO SMOKING	NETRAUCĒT SMĒĶĒT AIZLIEGTS!	[netrautse:t] [smɛ:tʲe:t aizliɛgts!]

TECHNICAL EQUIPMENT. TRANSPORT

Technical equipment

101. Computer

computer	dators (v)	[datɔrs]
notebook, laptop	portatīvais dators (v)	[pɔrtati:vais datɔrs]
to turn on	ieslēgt	[iɛsle:gt]
to turn off	izslēgt	[izsle:gt]
keyboard	tastatūra (s)	[tastatu:ra]
key	taustiņš (v)	[taustiɲʃ]
mouse	pele (s)	[pɛle]
mouse mat	paliktnis (v)	[paliktnis]
button	poga (s)	[pɔga]
cursor	kursors (v)	[kursɔrs]
monitor	monitors (v)	[mɔnitɔrs]
screen	ekrāns (v)	[ekra:ns]
hard disk	cietais disks (v)	[tsiɛtais disks]
hard disk capacity	cieta diska apjoms (v)	[tsiɛta diska apjɔms]
memory	atmiņa (s)	[atmiɲa]
random access memory	operatīvā atmiņa (s)	[ɔpɛrati:va: atmiɲa]
file	datne (s)	[datne]
folder	mape (s)	[mapē]
to open (vt)	atvērt	[atve:rt]
to close (vt)	aizvērt	[aizve:rt]
to save (vt)	saglabāt	[saglaba:t]
to delete (vt)	izdzēst	[izdze:st]
to copy (vt)	nokopēt	[nɔkɔpe:t]
to sort (vt)	šķirot	[ʃcirɔt]
to transfer (copy)	pārrakstīt	[pa:rraksti:t]
programme	programma (s)	[prɔgramma]
software	programmatūra (s)	[prɔgrammatu:ra]
programmer	programmētājs (v)	[prɔgrammɛ:ta:js]
to program (vt)	programmēt	[prɔgramme:t]
hacker	hakeris (v)	[xakeris]
password	parole (s)	[parɔle]
virus	vīruss (v)	[vi:rus]
to find, to detect	atrast, uziet	[atrast], [uziɛt]
byte	baits (v)	[baits]

megabyte	**megabaits** (v)	[mɛgabaits]
data	**dati** (v dsk)	[dati]
database	**datu bāze** (s)	[datu baːze]

cable (USB, etc.)	**kabelis** (v)	[kabelis]
to disconnect (vt)	**atvienot**	[atviɛnɔt]
to connect (sth to sth)	**pievienot**	[piɛviɛnɔt]

102. Internet. E-mail

Internet	**internets** (v)	[internets]
browser	**pārlūka programma** (s)	[paːrluːka prɔgramma]
search engine	**meklēšanas resurss** (v)	[mekleːʃanas rɛsurs]
provider	**provaiders** (v)	[prɔvaidɛrs]

webmaster	**tīmekļa meistars** (v)	[tiːmeklʲa mɛistars]
website	**saits** (v)	[saits]
web page	**tīmekļa lappuse** (s)	[tiːmeklʲa lappuse]

address (e-mail ~)	**adrese** (s)	[adrɛse]
address book	**adrešu grāmata** (s)	[adreʃu graːmata]

postbox	**pastkastīte** (s)	[pastkastiːte]
post	**pasts** (v)	[pasts]
full (adj)	**pārpildīts**	[paːrpildiːts]

message	**ziņojums** (v)	[ziɲɔjums]
incoming messages	**ienākošie ziņojumi** (v dsk)	[iɛnaːkɔʃiɛ ziɲɔjumi]
outgoing messages	**aizsūtītie ziņojumi** (v dsk)	[aizsuːtiːtiɛ ziɲɔjumi]

sender	**sūtītājs** (v)	[suːtiːtaːjs]
to send (vt)	**nosūtīt**	[nɔsuːtiːt]
sending (of mail)	**aizsūtīšana** (s)	[aizsuːtiːʃana]

receiver	**saņēmējs** (v)	[saɲɛːmeːjs]
to receive (vt)	**saņemt**	[saɲemt]

correspondence	**sarakste** (s)	[sarakste]
to correspond (vi)	**sarakstīties**	[saraksti:tiɛs]

file	**datne** (s)	[datne]
to download (vt)	**novilkt**	[nɔvilkt]
to create (vt)	**izveidot**	[izvɛidɔt]
to delete (vt)	**izdzēst**	[izdze:st]
deleted (adj)	**izdzēstais**	[izdze:stais]

connection (ADSL, etc.)	**sakars** (v)	[sakars]
speed	**ātrums** (v)	[a:trums]
modem	**modems** (v)	[mɔdems]
access	**pieeja** (s)	[piɛeja]
port (e.g. input ~)	**pieslēgvieta** (s)	[piɛsle:gviɛta]

connection (make a ~)	**pieslēgšana** (s)	[piɛsle:gʃana]
to connect to ... (vi)	**pieslēgties**	[piɛsle:gtiɛs]

| to select (vt) | izvēlēties | [izvɛ:le:tiɛs] |
| to search (for ...) | meklēt ... | [mekle:t ...] |

103. Electricity

electricity	elektrība (s)	[ɛlektri:ba]
electric, electrical (adj)	elektrisks	[ɛlektrisks]
electric power station	elektrostacija (s)	[ɛlektrɔstatsija]
energy	enerģija (s)	[ɛnerdʲija]
electric power	elektroenerģija (s)	[ɛlektrɔɛnerdʲija]

light bulb	spuldze (s)	[spuldze]
torch	lukturītis (v)	[lukturi:tis]
street light	laterna (s)	[laterna]

light	gaisma (s)	[gaisma]
to turn on	ieslēgt	[iɛsle:gt]
to turn off	izslēgt	[izsle:gt]
to turn off the light	izslēgt gaismu	[izsle:gt gaismu]

to burn out (vi)	izdegt	[izdegt]
short circuit	īssavienojums (v)	[i:saviɛnɔjums]
broken wire	pārtrūkums (v)	[pa:rtru:kums]
contact (electrical ~)	kontakts (v)	[kɔntakts]

light switch	slēdzis (v)	[sle:dzis]
socket outlet	rozete (s)	[rɔzɛte]
plug	dakša (s)	[dakʃa]
extension lead	pagarinātājs (v)	[pagarina:ta:js]

fuse	drošinātājs (v)	[drɔʃina:ta:js]
cable, wire	vads (v)	[vads]
wiring	instalācija (s)	[instala:tsija]

ampere	ampērs (v)	[ampɛ:rs]
amperage	strāvas stiprums (v)	[stra:vas stiprums]
volt	volts (v)	[vɔlts]
voltage	spriegums (v)	[spriɛgums]

| electrical device | elektriskais aparāts (v) | [ɛlektriskais apara:ts] |
| indicator | indikators (v) | [indikatɔrs] |

electrician	elektriķis (v)	[ɛlektritʲis]
to solder (vt)	lodēt	[lɔde:t]
soldering iron	lodāmurs (v)	[lɔda:murs]
electric current	strāva (s)	[stra:va]

104. Tools

tool, instrument	instruments (v)	[instruments]
tools	instrumenti (v dsk)	[instrumenti]
equipment (factory ~)	ierīce (s)	[iɛri:tse]

hammer	āmurs (v)	[a:murs]
screwdriver	skrūvgriezis (v)	[skru:vgriɛzis]
axe	cirvis (v)	[tsirvis]

saw	zāģis (v)	[za:dʲis]
to saw (vt)	zāģēt	[za:dʲe:t]
plane (tool)	ēvele (s)	[ɛ:vɛle]
to plane (vt)	ēvelēt	[ɛ:vɛle:t]
soldering iron	lodāmurs (v)	[lɔda:murs]
to solder (vt)	lodēt	[lɔde:t]

file (tool)	vīle (s)	[vi:le]
carpenter pincers	knaibles (s dsk)	[knaibles]
combination pliers	platknaibles (s dsk)	[platknaibles]
chisel	kalts (v)	[kalts]

drill bit	urbis (v)	[urbis]
electric drill	elektriskais urbis (v)	[ɛlektriskais urbis]
to drill (vi, vt)	urbt	[urbt]

| knife | nazis (v) | [nazis] |
| blade | asmens (v) | [asmens] |

sharp (blade, etc.)	ass	[as]
dull, blunt (adj)	truls	[truls]
to get blunt (dull)	notrulināties	[nɔtrulina:tiɛs]
to sharpen (vt)	asināt	[asina:t]

bolt	skrūve (s)	[skru:ve]
nut	uzgrieznis (v)	[uzgriɛznis]
thread (of a screw)	vītne (s)	[vi:tne]
wood screw	kokskrūve (s)	[kɔkskru:ve]

| nail | nagla (s) | [nagla] |
| nailhead | galviņa (s) | [galviɲa] |

ruler (for measuring)	lineāls (v)	[linea:ls]
tape measure	mērlente (s)	[me:rlente]
spirit level	līmeņrādis (v)	[li:meɲra:dis]
magnifying glass	lupa (s)	[lupa]

measuring instrument	mērierīce (s)	[me:riɛri:tse]
to measure (vt)	mērīt	[me:ri:t]
scale (temperature ~, etc.)	skala (s)	[skala]
readings	rādījums (v)	[ra:di:jums]

| compressor | kompresors (v) | [kɔmpresɔrs] |
| microscope | mikroskops (v) | [mikrɔskɔps] |

pump (e.g. water ~)	sūknis (v)	[su:knis]
robot	robots (v)	[rɔbɔts]
laser	lāzers (v)	[la:zɛrs]

spanner	uzgriežņu atslēga (s)	[uzgriɛʒɲu atslɛ:ga]
adhesive tape	līmlenta (s)	[li:mlenta]
glue	līme (s)	[li:me]

sandpaper	smilšpapīrs (v)	[smilʃpapi:rs]
spring	atspere (s)	[atspɛre]
magnet	magnēts (v)	[magne:ts]
gloves	cimdi (v dsk)	[tsimdi]

rope	virve (s)	[virve]
cord	aukla (s)	[aukla]
wire (e.g. telephone ~)	vads (v)	[vads]
cable	kabelis (v)	[kabelis]

sledgehammer	uzsitējveseris (v)	[uzsite:jvɛseris]
prybar	lauznis (v)	[lauznis]
ladder	kāpnes (s dsk)	[ka:pnes]
stepladder	sastatņu kāpnes (s dsk)	[sastatɲu ka:pnes]

to screw (tighten)	aizgriezt	[aizgriɛzt]
to unscrew (lid, filter, etc.)	atgriezt	[atgriɛzt]
to tighten (e.g. with a clamp)	aizspiest	[aizspiɛst]
to glue, to stick	pielīmēt	[piɛli:me:t]
to cut (vt)	griezt	[griɛzt]

malfunction (fault)	bojājums (v)	[boja:jums]
repair (mending)	labošana (s)	[labɔʃana]
to repair, to fix (vt)	remontēt	[remɔnte:t]
to adjust (machine, etc.)	regulēt	[rɛgule:t]

to check (to examine)	pārbaudīt	[pa:rbaudi:t]
checking	pārbaudīšana (s)	[pa:rbaudi:ʃana]
readings	rādījums (v)	[ra:di:jums]

reliable, solid (machine)	drošs	[drɔʃs]
complex (adj)	sarežģīts	[sareʒdʲi:ts]

to rust (get rusted)	rūsēt	[ru:se:t]
rusty (adj)	sarūsējis	[saru:se:jis]
rust	rūsa (s)	[ru:sa]

Transport

105. Aeroplane

aeroplane	lidmašīna (s)	[lidmaʃiːna]
air ticket	aviobiļete (s)	[aviobilʲɛte]
airline	aviokompānija (s)	[aviɔkɔmpaːnija]
airport	lidosta (s)	[lidɔsta]
supersonic (adj)	virsskaņas	[virskaɲas]
captain	kuģa komandieris (v)	[kudʲa kɔmandiɛris]
crew	apkalpe (s)	[apkalpe]
pilot	pilots (v)	[pilɔts]
stewardess	stjuarte (s)	[stjuarte]
navigator	stūrmanis (v)	[stuːrmanis]
wings	spārni (v dsk)	[spaːrni]
tail	aste (s)	[aste]
cockpit	kabīne (s)	[kabiːne]
engine	dzinējs (v)	[dzineːjs]
undercarriage (landing gear)	šasija (s)	[ʃasija]
turbine	turbīna (s)	[turbiːna]
propeller	propelleris (v)	[prɔpelleris]
black box	melnā kaste (s)	[melnaː kaste]
yoke (control column)	stūres rats (v)	[stuːres rats]
fuel	degviela (s)	[degviɛla]
safety card	instrukcija (s)	[instruktsija]
oxygen mask	skābekļa maska (s)	[skaːbeklʲa maska]
uniform	uniforma (s)	[unifɔrma]
lifejacket	glābšanas veste (s)	[glaːbʃanas veste]
parachute	izpletnis (v)	[izpletnis]
takeoff	pacelšanās (s dsk)	[patselʃanaːs]
to take off (vi)	pacelties	[patseltiɛs]
runway	skrejceļš (v)	[skrejtselʲʃ]
visibility	redzamība (s)	[redzamiːba]
flight (act of flying)	lidojums (v)	[lidɔjums]
altitude	augstums (v)	[augstums]
air pocket	gaisa bedre (s)	[gaisa bedre]
seat	sēdeklis (v)	[sɛːdeklis]
headphones	austiņas (s dsk)	[austiɲas]
folding tray (tray table)	galdiņš (v)	[galdiɲʃ]
airplane window	iluminators (v)	[iluminatɔrs]
aisle	eja (s)	[eja]

106. Train

train	vilciens (v)	[viltsiɛns]
commuter train	elektrovilciens (v)	[ɛlektrɔviltsiɛns]
express train	ātrvilciens (v)	[aːtrviltsiɛns]
diesel locomotive	dīzeļlokomotīve (s)	[diːzelʲlɔkɔmɔtiːve]
steam locomotive	lokomotīve (s)	[lɔkɔmɔtiːve]
coach, carriage	vagons (v)	[vagɔns]
buffet car	restorānvagons (v)	[restɔraːnvagɔns]
rails	sliedes (s dsk)	[sliɛdes]
railway	dzelzceļš (v)	[dzelztselʲʃ]
sleeper (track support)	gulsnis (v)	[gulsnis]
platform (railway ~)	platforma (s)	[platfɔrma]
platform (~ 1, 2, etc.)	ceļš (v)	[tselʲʃ]
semaphore	semafors (v)	[sɛmafɔrs]
station	stacija (s)	[statsija]
train driver	mašīnists (v)	[maʃiːnists]
porter (of luggage)	nesējs (v)	[nɛseːjs]
carriage attendant	pavadonis (v)	[pavadɔnis]
passenger	pasažieris (v)	[pasaʒiɛris]
ticket inspector	kontrolieris (v)	[kɔntrɔliɛris]
corridor (in train)	koridors (v)	[kɔridɔrs]
emergency brake	stop-krāns (v)	[stɔp-kraːns]
compartment	kupeja (s)	[kupeja]
berth	plaukts (v)	[plaukts]
upper berth	augšējais plaukts (v)	[augʃeːjais plaukts]
lower berth	apakšējais plaukts (v)	[apakʃeːjais plaukts]
bed linen, bedding	gultas veļa (s)	[gultas vɛlʲa]
ticket	biļete (s)	[bilʲɛte]
timetable	saraksts (v)	[saraksts]
information display	tablo (v)	[tablɔ]
to leave, to depart	atiet	[atiɛt]
departure (of a train)	atiešana (s)	[atiɛʃana]
to arrive (ab. train)	ierasties	[iɛrastiɛs]
arrival	pienākšana (s)	[piɛnaːkʃana]
to arrive by train	atbraukt ar vilcienu	[atbraukt ar viltsiɛnu]
to get on the train	iekāpt vilcienā	[iɛkaːpt viltsiɛnaː]
to get off the train	izkāpt no vilciena	[izkaːpt nɔ viltsiɛna]
train crash	katastrofa (s)	[katastrofa]
to derail (vi)	noskriet no sliedēm	[nɔskriɛt nɔ sliɛdeːm]
steam locomotive	lokomotīve (s)	[lɔkɔmɔtiːve]
stoker, fireman	kurinātājs (v)	[kurinaːtaːjs]
firebox	kurtuve (s)	[kurtuve]
coal	ogles (s dsk)	[ɔgles]

101

107. Ship

ship	kuģis (v)	[kudʲis]
vessel	kuģis (v)	[kudʲis]
steamship	tvaikonis (v)	[tvaikɔnis]
riverboat	motorkuģis (v)	[mɔtɔrkudʲis]
cruise ship	laineris (v)	[laineris]
cruiser	kreiseris (v)	[krɛiseris]
yacht	jahta (s)	[jaxta]
tugboat	velkonis (v)	[velkɔnis]
barge	barža (s)	[barʒa]
ferry	prāmis (v)	[praːmis]
sailing ship	burinieks (v)	[buriniɛks]
brigantine	brigantīna (s)	[brigantiːna]
ice breaker	ledlauzis (v)	[ledlauzis]
submarine	zemūdene (s)	[zɛmuːdɛne]
boat (flat-bottomed ~)	laiva (s)	[laiva]
dinghy (lifeboat)	laiva (s)	[laiva]
lifeboat	glābšanas laiva (s)	[glaːbʃanas laiva]
motorboat	kuteris (v)	[kuteris]
captain	kapteinis (v)	[kaptɛinis]
seaman	matrozis (v)	[matrɔzis]
sailor	jūrnieks (v)	[juːrniɛks]
crew	apkalpe (s)	[apkalpe]
boatswain	bocmanis (v)	[bɔtsmanis]
ship's boy	junga (v)	[juŋga]
cook	kuģa pavārs (v)	[kudʲa pavaːrs]
ship's doctor	kuģa ārsts (v)	[kudʲa aːrsts]
deck	klājs (v)	[klaːjs]
mast	masts (v)	[masts]
sail	bura (s)	[bura]
hold	tilpne (s)	[tilpne]
bow (prow)	priekšgals (v)	[priekʃgals]
stern	pakaļgals (v)	[pakalʲgals]
oar	airis (v)	[airis]
screw propeller	dzenskrūve (s)	[dzenskruːve]
cabin	kajīte (s)	[kajiːte]
wardroom	kopkajīte (s)	[kɔpkajiːte]
engine room	mašīnu nodaļa (s)	[maʃiːnu nɔdalʲa]
bridge	komandtiltiņš (v)	[kɔmandtiltiɲʃ]
radio room	radio telpa (s)	[radiɔ telpa]
wave (radio)	vilnis (v)	[vilnis]
logbook	kuģa žurnāls (v)	[kudʲa ʒurnaːls]
spyglass	tālskatis (v)	[taːlskatis]
bell	zvans (v)	[zvans]

flag	karogs (v)	[karɔgs]
hawser (mooring ~)	tauva (s)	[tauva]
knot (bowline, etc.)	mezgls (v)	[mezgls]

| deckrails | rokturis (v) | [rɔkturis] |
| gangway | traps (v) | [traps] |

anchor	enkurs (v)	[enkurs]
to weigh anchor	pacelt enkuru	[patselt enkuru]
to drop anchor	izmest enkuru	[izmest enkuru]
anchor chain	enkurķēde (s)	[enkurtʲɛ:de]

port (harbour)	osta (s)	[ɔsta]
quay, wharf	piestātne (s)	[piɛsta:tne]
to berth (moor)	pietauvot	[piɛtauvɔt]
to cast off	atiet no krasta	[atiɛt nɔ krasta]

trip, voyage	ceļojums (v)	[tselʲɔjums]
cruise (sea trip)	kruīzs (v)	[krui:zs]
course (route)	kurss (v)	[kurs]
route (itinerary)	maršruts (v)	[marʃruts]

fairway (safe water channel)	kuģu ceļš (v)	[kudʲu tselʲʃ]
shallows	sēklis (v)	[se:klis]
to run aground	uzsēsties uz sēkļa	[uzse:sties uz se:klʲa]

storm	vētra (s)	[ve:tra]
signal	signāls (v)	[signa:ls]
to sink (vi)	grimt	[grimt]
Man overboard!	Cilvēks aiz borta!	[tsilve:ks aiz bɔrta!]
SOS (distress signal)	SOS	[sɔs]
ring buoy	glābšanas riņķis (v)	[gla:bʃanas riɳtʲis]

108. Airport

airport	lidosta (s)	[lidɔsta]
aeroplane	lidmašīna (s)	[lidmaʃi:na]
airline	aviokompānija (s)	[aviokɔmpa:nija]
air traffic controller	dispečers (v)	[dispetʃɛrs]

departure	izlidojums (v)	[izlidɔjums]
arrival	atlidošana (s)	[atlidɔʃana]
to arrive (by plane)	atlidot	[atlidɔt]

| departure time | izlidojuma laiks (v) | [izlidɔjuma laiks] |
| arrival time | atlidošanās laiks (v) | [atlidɔʃana:s laiks] |

| to be delayed | kavēties | [kave:tiɛs] |
| flight delay | izlidojuma aizkavēšanās (s dsk) | [izlidɔjuma aizkave:ʃana:s] |

information board	informācijas tablo (v)	[infɔrma:tsijas tablɔ]
information	informācija (s)	[infɔrma:tsija]
to announce (vt)	paziņot	[paziɳɔt]

103

flight (e.g. next ~)	reiss (v)	[rɛis]
customs	muita (s)	[muita]
customs officer	muitas ierēdnis (v)	[muitas iɛre:dnis]

customs declaration	muitas deklerācija (s)	[muitas deklɛra:tsija]
to fill in (vt)	aizpildīt	[aizpildi:t]
to fill in the declaration	aizpildīt deklarāciju	[aizpildi:t deklara:tsiju]
passport control	pasu kontrole (s)	[pasu kɔntrɔle]

luggage	bagāža (s)	[baga:ʒa]
hand luggage	rokas bagāža (s)	[rɔkas baga:ʒa]
luggage trolley	bagāžas ratiņi (v dsk)	[baga:ʒas ratiɲi]

landing	nolaišanās (s dsk)	[nɔlaiʃana:s]
landing strip	nosēšanās josla (s)	[nɔse:ʃana:s jɔsla]
to land (vi)	nosēsties	[nɔse:stiɛs]
airstair (passenger stair)	traps (v)	[traps]

check-in	reģistrācija (s)	[redʲistra:tsija]
check-in counter	reģistrācijas galdiņš (v)	[redʲistra:tsijas galdiɲʃ]
to check-in (vi)	piereģistrēties	[piɛredʲistre:tiɛs]
boarding card	iekāpšanas talons (v)	[iɛka:pʃanas talɔns]
departure gate	izeja (s)	[izeja]

transit	tranzīts (v)	[tranzi:ts]
to wait (vt)	gaidīt	[gaidi:t]
departure lounge	uzgaidāmā telpa (s)	[uzgaida:ma: telpa]
to see off	aizvadīt	[aizvadi:t]
to say goodbye	atvadīties	[atvadi:tiɛs]

Life events

celebration, holiday	svētki (v dsk)	[sve:tki]
national day	tautas svētki (v dsk)	[tautas sve:tki]
public holiday	svētku diena (s)	[sve:tku diɛna]
to commemorate (vt)	svinēt	[svine:t]
event (happening)	notikums (v)	[nɔtikums]
event (organized activity)	pasākums (v)	[pasa:kums]
banquet (party)	bankets (v)	[bankets]
reception (formal party)	pieņemšana (s)	[piɛɲemʃana]
feast	mielasts (v)	[miɛlasts]
anniversary	gadadiena (s)	[gadadiɛna]
jubilee	jubileja (s)	[jubileja]
to celebrate (vt)	atzīmēt	[atzi:me:t]
New Year	Jaungads (v)	[jauŋgads]
Happy New Year!	Laimīgu Jauno gadu!	[laimi:gu jaunɔ gadu!]
Christmas	Ziemassvētki (v dsk)	[ziɛmasve:tki]
Merry Christmas!	Priecīgus Ziemassvētkus!	[priɛtsi:gus ziɛmasve:tkus!]
Christmas tree	Ziemassvētku eglīte (s)	[ziɛmasve:tku egli:te]
fireworks (fireworks show)	salūts (v)	[salu:ts]
wedding	kāzas (s dsk)	[ka:zas]
groom	līgavainis (v)	[li:gavainis]
bride	līgava (s)	[li:ɡava]
to invite (vt)	ielūgt	[iɛlu:gt]
invitation card	ielūgums (v)	[iɛlu:gums]
guest	viesis (v)	[viɛsis]
to visit (~ your parents, etc.)	iet ciemos	[iɛt tsiɛmɔs]
to meet the guests	sagaidīt viesus	[sagaidi:t viɛsus]
gift, present	dāvana (s)	[da:vana]
to give (sth as present)	dāvināt	[da:vina:t]
to receive gifts	saņemt dāvanu	[saɲemt da:vanu]
bouquet (of flowers)	ziedu pušķis (v)	[ziɛdu puʃtʲis]
congratulations	apsveikums (v)	[apsvɛikums]
to congratulate (vt)	apsveikt	[apsvɛikt]
greetings card	apsveikuma atklātne (s)	[apsvɛikuma atkla:tne]
to send a postcard	nosūtīt atklātni	[nɔsu:ti:t atkla:tni]
to get a postcard	saņemt atklātni	[saɲemt atkla:tni]
toast	tosts (v)	[tɔsts]

| to offer (a drink, etc.) | uzcienāt | [uztsiɛna:t] |
| champagne | šampanietis (v) | [ʃampaniɛtis] |

to enjoy oneself	līksmot	[li:ksmɔt]
merriment (gaiety)	jautrība (s)	[jautri:ba]
joy (emotion)	prieks (v)	[priɛks]

| dance | deja (s) | [deja] |
| to dance (vi, vt) | dejot | [dejɔt] |

| waltz | valsis (v) | [valsis] |
| tango | tango (v) | [taŋgɔ] |

110. Funerals. Burial

cemetery	kapsēta (s)	[kapsɛ:ta]
grave, tomb	kaps (v)	[kaps]
cross	krusts (v)	[krusts]
gravestone	kapakmens (v)	[kapakmens]
fence	žogs (v)	[ʒɔgs]
chapel	kapela (s)	[kapɛla]

death	nāve (s)	[na:ve]
to die (vi)	nomirt	[nɔmirt]
the deceased	nelaiķis (v)	[nɛlaitʲis]
mourning	sēras (s dsk)	[sɛ:ras]

to bury (vt)	apglabāt	[apglaba:t]
undertakers	apbedīšanas birojs (v)	[apbedi:ʃanas birɔjs]
funeral	bēres (s dsk)	[bɛ:res]

wreath	vainags (v)	[vainags]
coffin	zārks (v)	[za:rks]
hearse	katafalks (v)	[katafalks]
shroud	līķauts (v)	[li:tʲauts]

funeral procession	bēru procesija (s)	[bɛ:ru prɔtsesija]
funerary urn	urna (s)	[urna]
crematorium	krematorija (s)	[krɛmatɔrija]

obituary	nekrologs (v)	[nekrɔlɔgs]
to cry (weep)	raudāt	[rauda:t]
to sob (vi)	skaļi raudāt	[skalʲi rauda:t]

111. War. Soldiers

platoon	vads (v)	[vads]
company	rota (s)	[rɔta]
regiment	pulks (v)	[pulks]
army	armija (s)	[armija]
division	divīzija (s)	[divi:zija]
section, squad	vienība (s)	[viɛni:ba]

host (army)	karaspēks (v)	[karaspe:ks]
soldier	karavīrs (v)	[karavi:rs]
officer	virsnieks (v)	[virsniɛks]

private	ierindnieks (v)	[iɛrindniɛks]
sergeant	seržants (v)	[serʒants]
lieutenant	leitnants (v)	[lɛitnants]
captain	kapteinis (v)	[kaptɛinis]
major	majors (v)	[majɔrs]
colonel	pulkvedis (v)	[pulkvedis]
general	ģenerālis (v)	[dʲɛnɛra:lis]

sailor	jūrnieks (v)	[ju:rniɛks]
captain	kapteinis (v)	[kaptɛinis]
boatswain	bocmanis (v)	[bɔtsmanis]

artilleryman	artilērists (v)	[artile:rists]
paratrooper	desantnieks (v)	[dɛsantniɛks]
pilot	lidotājs (v)	[lidɔta:js]
navigator	stūrmanis (v)	[stu:rmanis]
mechanic	mehāniķis (v)	[mexa:nitʲis]

pioneer (sapper)	sapieris (v)	[sapiɛris]
parachutist	izpletņa lēcējs (v)	[izpletɲa le:tse:js]
reconnaissance scout	izlūks (v)	[izlu:ks]
sniper	snaiperis (v)	[snaiperis]

patrol (group)	patruļa (s)	[patrulʲa]
to patrol (vt)	patrulēt	[patrule:t]
sentry, guard	sargs (v)	[sargs]

warrior	karavīrs (v)	[karavi:rs]
patriot	patriots (v)	[patriɔts]
hero	varonis (v)	[varɔnis]
heroine	varone (s)	[varɔne]

traitor	nodevējs (v)	[nɔdɛve:js]
to betray (vt)	nodot	[nɔdɔt]
deserter	dezertieris (v)	[dɛzertiɛris]
to desert (vi)	dezertēt	[dɛzerte:t]

mercenary	algotnis (v)	[algɔtnis]
recruit	jauniesauktais (v)	[jauniɛsauktais]
volunteer	brīvprātīgais (v)	[bri:vpra:ti:gais]

dead (n)	bojā gājušais (v)	[bɔja: ga:juʃais]
wounded (n)	ievainotais (v)	[iɛvainɔtais]
prisoner of war	gūsteknis (v)	[gu:steknis]

112. War. Military actions. Part 1

war	karš (v)	[karʃ]
to be at war	karot	[karɔt]
civil war	pilsoņu karš (v)	[pilsɔɲu karʃ]

treacherously (adv)	nodevīgi	[nɔdeviːgi]
declaration of war	kara pieteikšana (s)	[kara piɛtɛikʃana]
to declare (~ war)	pieteikt karu	[piɛtɛikt karu]
aggression	agresija (s)	[agresija]
to attack (invade)	uzbrukt	[uzbrukt]

to invade (vt)	iebrukt	[iɛbrukt]
invader	iebrucējs (v)	[iɛbrutseːjs]
conqueror	iekarotājs (v)	[iɛkarɔtaːjs]

defence	aizsardzība (s)	[aizsardziːba]
to defend (a country, etc.)	aizsargāt	[aizsargaːt]
to defend (against …)	aizsargāties	[aizsargaːtiɛs]

enemy	ienaidnieks (v)	[iɛnaidniɛks]
foe, adversary	pretinieks (v)	[pretiniɛks]
enemy (as adj)	ienaidnieku	[iɛnaidniɛku]

strategy	stratēģija (s)	[strateːdʲija]
tactics	taktika (s)	[taktika]

order	pavēle (s)	[pavɛːle]
command (order)	komanda (s)	[kɔmanda]
to order (vt)	pavēlēt	[pavɛːleːt]
mission	kara uzdevums (v)	[kara uzdɛvums]
secret (adj)	slepens	[slɛpens]

battle	kauja (s)	[kauja]
combat ▶	cīņa (s)	[tsiːɲa]

attack	uzbrukums (v)	[uzbrukums]
charge (assault)	trieciens (v)	[triɛtsiɛns]
to storm (vt)	doties triecienā	[dɔties triɛtsiɛna:]
siege (to be under ~)	aplenkums (v)	[aplenkums]

offensive (n)	uzbrukums (v)	[uzbrukums]
to go on the offensive	uzbrukt	[uzbrukt]

retreat	atkāpšanās (s dsk)	[atka:pʃana:s]
to retreat (vi)	atkāpties	[atka:ptiɛs]

encirclement	aplenkums (v)	[aplenkums]
to encircle (vt)	aplenkt	[aplenkt]

bombing (by aircraft)	bombardēšana (s)	[bɔmbarde:ʃana]
to drop a bomb	nomest bumbu	[nɔmest bumbu]
to bomb (vt)	bombardēt	[bɔmbarde:t]
explosion	sprādziens (v)	[spra:dziɛns]

shot	šāviens (v)	[ʃa:viɛns]
to fire (~ a shot)	izšaut	[izʃaut]
firing (burst of ~)	šaušana (s)	[ʃauʃana]

to aim (to point a weapon)	tēmēt uz …	[tɛ:me:t uz …]
to point (a gun)	tēmēt	[tɛ:me:t]
to hit (the target)	trāpīt	[tra:pi:t]

to sink (~ a ship)	nogremdēt	[nɔgremde:t]
hole (in a ship)	caurums (v)	[tsaurums]
to founder, to sink (vi)	grimt dibenā	[grimt dibɛna:]

front (war ~)	fronte (s)	[frɔnte]
evacuation	evakuācija (s)	[ɛvakua:tsija]
to evacuate (vt)	evakuēt	[ɛvakue:t]

trench	tranšeja (s)	[tranʃeja]
barbed wire	dzeloņstieple (s)	[dzelɔɲstiɛple]
barrier (anti tank ~)	nožogojums (v)	[nɔʒɔgɔjums]
watchtower	tornis (v)	[tɔrnis]

military hospital	slimnīca (s)	[slimni:tsa]
to wound (vt)	ievainot	[iɛvainɔt]
wound	ievainojums (v)	[iɛvainɔjums]
wounded (n)	ievainotais (v)	[iɛvainɔtais]
to be wounded	gūt ievainojumu	[gu:t iɛvainɔjumu]
serious (wound)	smags ievainojums	[smags iɛvainɔjums]

113. War. Military actions. Part 2

captivity	gūsts (v)	[gu:sts]
to take captive	saņemt gūstā	[saɲemt gu:sta:]
to be held captive	būt gūstā	[bu:t gu:sta:]
to be taken captive	nokļūt gūstā	[nɔklʲu:t gu:sta:]

concentration camp	koncentrācijas nometne (s)	[kɔntsentra:tsijas nɔmetne]
prisoner of war	gūsteknis (v)	[gu:steknis]
to escape (vi)	izbēgt	[izbe:gt]

to betray (vt)	nodot	[nɔdɔt]
betrayor	nodevējs (v)	[nɔdɛve:js]
betrayal	nodevība (s)	[nɔdevi:ba]

| to execute (by firing squad) | nošaut | [nɔʃaut] |
| execution (by firing squad) | nošaušana (s) | [nɔʃauʃana] |

equipment (military gear)	formas tērps (v)	[formas te:rps]
shoulder board	uzplecis (v)	[uzpletsis]
gas mask	gāzmaska (s)	[ga:zmaska]

field radio	rācija (s)	[ra:tsija]
cipher, code	šifrs (v)	[ʃifrs]
secrecy	konspirācija (s)	[kɔnspira:tsija]
password	parole (s)	[parɔle]

land mine	mīna (s)	[mi:na]
to mine (road, etc.)	nomīnēt	[nɔmi:ne:t]
minefield	mīnu lauks (v)	[mi:nu lauks]

air-raid warning	gaisa trauksme (s)	[gaisa trauksme]
alarm (alert signal)	trauksmes signāls (v)	[trauksmes signa:ls]
signal	signāls (v)	[signa:ls]

signal flare	signālraķete (s)	[signa:lratʲɛte]
headquarters	štābs (v)	[ʃta:bs]
reconnaissance	izlūkdienests (v)	[izlu:gdiɛnests]
situation	stāvoklis (v)	[sta:vɔklis]
report	ziņojums (v)	[ziɲɔjums]
ambush	slēpnis (v)	[sle:pnis]
reinforcement (army)	papildspēki (v dsk)	[papildspe:ki]

target	mērķis (v)	[me:rtʲis]
training area	poligons (v)	[pɔligɔns]
military exercise	manevri (v dsk)	[manevri]

panic	panika (s)	[panika]
devastation	posti (v dsk)	[pɔsti]
destruction, ruins	postījumi (v dsk)	[pɔsti:jumi]
to destroy (vt)	postīt	[pɔsti:t]

to survive (vi, vt)	izdzīvot	[izdzi:vɔt]
to disarm (vt)	atbruņot	[atbruɲɔt]
to handle (~ a gun)	apiešanās ar ieročiem	[apiɛʃana:s ar iɛrɔtʃiɛm]

| Attention! | Mierā! | [miɛra:!] |
| At ease! | Brīvi! | [bri:vi!] |

feat, act of courage	varoņdarbs (v)	[varɔɲdarbs]
oath (vow)	zvērests (v)	[zvɛ:rests]
to swear (an oath)	zvērēt	[zvɛ:re:t]

decoration (medal, etc.)	balva (s)	[balva]
to award (give a medal to)	apbalvot	[apbalvɔt]
medal	medaļa (s)	[mɛdalʲa]
order (e.g. ~ of Merit)	ordenis (v)	[ɔrdenis]

victory	uzvara (s)	[uzvara]
defeat	sakāve (s)	[saka:ve]
armistice	pamiers (v)	[pamiɛrs]

standard (battle flag)	karogs (v)	[karɔgs]
glory (honour, fame)	slava (s)	[slava]
parade	parāde (s)	[para:de]
to march (on parade)	maršēt	[marʃe:t]

114. Weapons

weapons	ieroči (v dsk)	[iɛrɔtʃi]
firearms	šaujamieroči (v dsk)	[ʃaujamiɛrɔtʃi]
cold weapons (knives, etc.)	aukstie ieroči (v dsk)	[aukstiɛ iɛrɔtʃi]

chemical weapons	ķīmiskie ieroči (v dsk)	[tʲi:miskiɛ iɛrɔtʃi]
nuclear (adj)	kodolu	[kɔdɔlu]
nuclear weapons	kodolieroči (v dsk)	[kɔdɔliɛrɔtʃi]

| bomb | bumba (s) | [bumba] |
| atomic bomb | atombumba (s) | [atɔmbumba] |

pistol (gun)	pistole (s)	[pistɔle]
rifle	šautene (s)	[ʃautɛne]
submachine gun	automāts (v)	[autɔma:ts]
machine gun	ložmetējs (v)	[lɔʒmɛte:js]

muzzle	stops (v)	[stɔps]
barrel	stobrs (v)	[stɔbrs]
calibre	kalibrs (v)	[kalibrs]

trigger	gailis (v)	[gailis]
sight (aiming device)	tēmeklis (v)	[tɛ:meklis]
magazine	magazīna (s)	[magazi:na]
butt (shoulder stock)	laide (s)	[laide]

hand grenade	granāta (s)	[grana:ta]
explosive	sprāgstviela (s)	[spra:gstviɛla]

bullet	lode (s)	[lɔde]
cartridge	patrona (s)	[patrɔna]
charge	lādiņš (v)	[la:diɲʃ]
ammunition	munīcija (s)	[muni:tsija]

bomber (aircraft)	bombardētājs (v)	[bɔmbardɛ:ta:js]
fighter	iznīcinātājs (v)	[izni:tsina:ta:js]
helicopter	helikopters (v)	[xelikɔptɛrs]

anti-aircraft gun	zenītlielgabals (v)	[zeni:tliɛlgabals]
tank	tanks (v)	[tanks]
tank gun	lielgabals (v)	[liɛlgabals]

artillery	artilērija (s)	[artile:rija]
gun (cannon, howitzer)	lielgabals (v)	[liɛlgabals]
to lay (a gun)	tēmēt	[tɛ:me:t]

shell (projectile)	šāviņš (v)	[ʃa:viɲʃ]
mortar bomb	mīna (s)	[mi:na]
mortar	mīnmetējs (v)	[mi:nmɛte:js]
splinter (shell fragment)	šķemba (s)	[ʃtʲemba]

submarine	zemūdene (s)	[zɛmu:dɛne]
torpedo	torpēda (s)	[tɔrpɛ:da]
missile	raķete (s)	[ratʲɛte]

to load (gun)	ielādēt	[iɛla:de:t]
to shoot (vi)	šaut	[ʃaut]

to point at (the cannon)	tēmēt uz ...	[tɛ:me:t uz ...]
bayonet	durklis (v)	[durklis]

rapier	zobens (v)	[zɔbens]
sabre (e.g. cavalry ~)	līkais zobens (v)	[li:kais zɔbens]
spear (weapon)	šķēps (v)	[ʃtʲe:ps]
bow	loks (v)	[lɔks]
arrow	bulta (s)	[bulta]
musket	muskete (s)	[muskɛte]
crossbow	arbalets (v)	[arbalets]

115. Ancient people

primitive (prehistoric)	pirmatnējs	[pirmatne:js]
prehistoric (adj)	aizvēsturisks	[aizve:sturisks]
ancient (~ civilization)	sens	[sens]
Stone Age	akmens laikmets (v)	[akmens laikmets]
Bronze Age	bronzas laikmets (v)	[brɔnzas laikmets]
Ice Age	ledus periods (v)	[lɛdus periɔds]
tribe	cilts (s)	[tsilts]
cannibal	kanibāls (v)	[kaniba:ls]
hunter	mednieks (v)	[medniɛks]
to hunt (vi, vt)	medīt	[medi:t]
mammoth	mamuts (v)	[mamuts]
cave	ala (s)	[ala]
fire	uguns (v)	[uguns]
campfire	ugunskurs (v)	[ugunskurs]
cave painting	klinšu gleznojums (v)	[klinʃu gleznɔjums]
tool (e.g. stone axe)	darbarīks (v)	[darbari:ks]
spear	šķēps (v)	[ʃtʲe:ps]
stone axe	akmens cirvis (v)	[akmens tsirvis]
to be at war	karot	[karɔt]
to domesticate (vt)	pieradināt dzīvniekus	[piɛradina:t dzi:vniɛkus]
idol	elks (v)	[elks]
to worship (vt)	pielūgt	[piɛlu:gt]
superstition	māņticība (s)	[ma:ɲtitsi:ba]
rite	rituāls (v)	[ritua:ls]
evolution	evolūcija (s)	[ɛvɔlu:tsija]
development	attīstība (s)	[atti:sti:ba]
disappearance (extinction)	izzušana (s)	[izzuʃana]
to adapt oneself	pielāgoties	[piɛla:gɔtiɛs]
archaeology	arheoloģija (s)	[arxeɔlɔdʲija]
archaeologist	arheologs (v)	[arxeɔlɔgs]
archaeological (adj)	arheoloģisks	[arxeɔlɔdʲisks]
excavation site	izrakumu vieta (s)	[izrakumu viɛta]
excavations	izrakšanas darbi (v dsk)	[izrakʃanas darbi]
find (object)	atradums (v)	[atradums]
fragment	fragments (v)	[fragments]

116. Middle Ages

people (ethnic group)	tauta (s)	[tauta]
peoples	tautas (s dsk)	[tautas]
tribe	cilts (s)	[tsilts]
tribes	ciltis (s dsk)	[tsiltis]
barbarians	barbari (v dsk)	[barbari]

Gauls	galli (v dsk)	[galli]
Goths	goti (v dsk)	[gɔti]
Slavs	slāvi (v dsk)	[slaːvi]
Vikings	vikingi (v dsk)	[vikiŋgi]

Romans	romieši (v dsk)	[rɔmiɛʃi]
Roman (adj)	Romas	[rɔmas]

Byzantines	bizantieši (v dsk)	[bizantiɛʃi]
Byzantium	Bizantija (s)	[bizantija]
Byzantine (adj)	bizantiešu	[bizantiɛʃu]

emperor	imperators (v)	[impɛratɔrs]
leader, chief (tribal ~)	vadonis (v)	[vadɔnis]
powerful (~ king)	varens	[varens]
king	karalis (v)	[karalis]
ruler (sovereign)	valdnieks (v)	[valdniɛks]

knight	bruņinieks (v)	[bruɲiniɛks]
feudal lord	feodālis (v)	[feɔdaːlis]
feudal (adj)	feodāļu	[feɔdaːlʲu]
vassal	vasalis (v)	[vasalis]

duke	hercogs (v)	[xertsɔgs]
earl	grāfs (v)	[graːfs]
baron	barons (v)	[barɔns]
bishop	bīskaps (v)	[biːskaps]

armour	bruņas (s dsk)	[bruɲas]
shield	vairogs (v)	[vairɔgs]
sword	šķēps (v)	[ʃkʲeːps]
visor	sejsegs (v)	[sejsegs]
chainmail	bruņu krekls (v)	[bruɲu krekls]

Crusade	krusta gājiens (v)	[krusta gaːjiɛns]
crusader	krustnesis (v)	[krustnesis]

territory	teritorija (s)	[teritɔrija]
to attack (invade)	uzbrukt	[uzbrukt]
to conquer (vt)	iekarot	[iɛkarɔt]
to occupy (invade)	sagrābt	[sagraːbt]

siege (to be under ~)	aplenkums (v)	[aplenkums]
besieged (adj)	aplenkts	[aplenkts]
to besiege (vt)	aplenkt	[aplenkt]

inquisition	inkvizīcija (s)	[inkviziːtsija]
inquisitor	inkvizitors (v)	[inkvizitɔrs]
torture	spīdzināšana (s)	[spiːdzinaːʃana]
cruel (adj)	nežēlīgs	[neʒeːliːgs]
heretic	ķecerība (s)	[tʲetseriːba]
heresy	ķeceris (v)	[tʲetseris]

seafaring	jūrniecība (s)	[juːrniɛtsiːba]
pirate	pirāts (v)	[piraːts]
piracy	pirātisms (v)	[piraːtisms]

113

boarding (attack)	abordāža (s)	[aborda:ʒa]
loot, booty	laupījums (v)	[laupi:jums]
treasure	dārgumi (v dsk)	[da:rgumi]
discovery	atklāšana (s)	[atkla:ʃana]
to discover (new land, etc.)	atklāt	[atkla:t]
expedition	ekspedīcija (s)	[ekspedi:tsija]
musketeer	musketieris (v)	[musketiɛris]
cardinal	kardināls (v)	[kardina:ls]
heraldry	heraldika (s)	[xɛraldika]
heraldic (adj)	heraldisks	[xɛraldisks]

117. Leader. Chief. Authorities

king	karalis (v)	[karalis]
queen	karaliene (s)	[karaliɛne]
royal (adj)	karalisks	[karalisks]
kingdom	karaliste (s)	[karaliste]
prince	princis (v)	[printsis]
princess	princese (s)	[printsɛse]
president	prezidents (v)	[prezidents]
vice-president	viceprezidents (v)	[vitseprezidents]
senator	senators (v)	[sɛnatɔrs]
monarch	monarhs (v)	[mɔnarxs]
ruler (sovereign)	valdnieks (v)	[valdniɛks]
dictator	diktators (v)	[diktatɔrs]
tyrant	tirāns (v)	[tira:ns]
magnate	magnāts (v)	[magna:ts]
director	direktors (v)	[direktɔrs]
chief	šefs (v)	[ʃefs]
manager (director)	pārvaldnieks (v)	[pa:rvaldniɛks]
boss	boss (v)	[bɔs]
owner	saimnieks (v)	[saimniɛks]
leader	vadītājs, līderis (v)	[vadi:ta:js], [li:deris]
head (~ of delegation)	galva (s)	[galva]
authorities	vara (s)	[vara]
superiors	priekšniecība (s)	[priɛkʃniɛtsi:ba]
governor	gubernators (v)	[gubernatɔrs]
consul	konsuls (v)	[kɔnsuls]
diplomat	diplomāts (v)	[diploma:ts]
mayor	mērs (v)	[mɛ:rs]
sheriff	šerifs (v)	[ʃerifs]
emperor	imperators (v)	[impɛratɔrs]
tsar, czar	cars (v)	[tsars]
pharaoh	faraons (v)	[faraɔns]
khan	hans (v)	[xans]

118. Breaking the law. Criminals. Part 1

bandit	bandīts (v)	[bandi:ts]
crime	noziegums (v)	[nɔziɛgums]
criminal (person)	noziedznieks (v)	[nɔziɛdzniɛks]
thief	zaglis (v)	[zaglis]
to steal (vi, vt)	zagt	[zagt]
stealing (larceny)	zagšana (s)	[zagʃana]
theft	zādzība (s)	[za:dzi:ba]
to kidnap (vt)	nolaupīt	[nɔlaupi:t]
kidnapping	nolaupīšana (s)	[nɔlaupi:ʃana]
kidnapper	laupītājs (v)	[laupi:ta:js]
ransom	izpirkums (v)	[izpirkums]
to demand ransom	prasīt izpirkumu	[prasi:t izpirkumu]
to rob (vt)	aplaupīt	[aplaupi:t]
robbery	aplaupīšana (s)	[aplaupi:ʃana]
robber	laupītājs (v)	[laupi:ta:js]
to extort (vt)	izspiest	[izspiɛst]
extortionist	izspiedējs (v)	[izspiɛde:js]
extortion	izspiešana (s)	[izspiɛʃana]
to murder, to kill	noslepkavot	[nɔslepkavɔt]
murder	slepkavība (s)	[slepkavi:ba]
murderer	slepkava (v)	[slepkava]
gunshot	šāviens (v)	[ʃa:viɛns]
to fire (~ a shot)	izšaut	[izʃaut]
to shoot to death	nošaut	[nɔʃaut]
to shoot (vi)	šaut	[ʃaut]
shooting	šaušana (s)	[ʃauʃana]
incident (fight, etc.)	notikums (v)	[nɔtikums]
fight, brawl	kautiņš (v)	[kautiɲʃ]
Help!	Palīgā!	[pali:ga:!]
victim	upuris (v)	[upuris]
to damage (vt)	sabojāt	[sabɔja:t]
damage	kaitējums (v)	[kaite:jums]
dead body, corpse	līķis (v)	[li:tʲis]
grave (~ crime)	smags noziegums	[smags nɔziɛgums]
to attack (vt)	uzbrukt	[uzbrukt]
to beat (to hit)	sist	[sist]
to beat up	piekaut	[piɛkaut]
to take (rob of sth)	atņemt	[atɲemt]
to stab to death	nodurt	[nɔdurt]
to maim (vt)	sakropļot	[sakrɔplʲɔt]
to wound (vt)	ievainot	[iɛvainɔt]
blackmail	šantāža (s)	[ʃanta:ʒa]
to blackmail (vt)	šantažēt	[ʃantaʒe:t]

blackmailer	šantāžists (v)	[ʃanta:ʒists]
protection racket	rekets (v)	[rɛkets]
racketeer	reketieris (v)	[rɛketiɛris]
gangster	gangsteris (v)	[gaŋgsteris]
mafia	mafija (s)	[mafija]

pickpocket	kabatzaglis (v)	[kabatzaglis]
burglar	kramplauzis (v)	[kramplauzis]
smuggling	kontrabanda (s)	[kɔntrabanda]
smuggler	kontrabandists (v)	[kɔntrabandists]

forgery	viltojums (v)	[viltɔjums]
to forge (counterfeit)	viltot	[viltɔt]
fake (forged)	viltots	[viltɔts]

119. Breaking the law. Criminals. Part 2

rape	izvarošana (s)	[izvarɔʃana]
to rape (vt)	izvarot	[izvarɔt]
rapist	izvarotājs (v)	[izvarɔta:js]
maniac	maniaks (v)	[maniaks]

prostitute (fem.)	prostitūta (s)	[prɔstitu:ta]
prostitution	prostitūcija (s)	[prɔstitu:tsija]
pimp	suteners (v)	[sutɛnɛrs]

| drug addict | narkomāns (v) | [narkɔma:ns] |
| drug dealer | narkotiku tirgotājs (v) | [narkɔtiku tirgɔta:js] |

to blow up (bomb)	uzspridzināt	[uzspridzina:t]
explosion	sprādziens (v)	[spra:dziɛns]
to set fire	aizdedzināt	[aizdedzina:t]
arsonist	dedzinātājs (v)	[dedzina:ta:js]

terrorism	terorisms (v)	[terɔrisms]
terrorist	terorists (v)	[terɔrists]
hostage	ķīlnieks (v)	[tʲi:lniɛks]

to swindle (deceive)	piekrāpt	[piɛkra:pt]
swindle, deception	krāpšana (s)	[kra:pʃana]
swindler	krāpnieks (v)	[kra:pniɛks]

to bribe (vt)	piekukuļot	[piɛkukulʲɔt]
bribery	piekukuļošana (s)	[piɛkukulʲɔʃana]
bribe	kukulis (v)	[kukulis]

poison	inde (s)	[inde]
to poison (vt)	noindēt	[nɔinde:t]
to poison oneself	noindēties	[nɔinde:tiɛs]

suicide (act)	pašnāvība (s)	[paʃna:vi:ba]
suicide (person)	pašnāvnieks (v)	[paʃna:vniɛks]
to threaten (vt)	draudēt	[draude:t]
threat	drauds (v)	[drauds]

| to make an attempt | mēģinājums | [me:dʲina:jums] |
| attempt (attack) | slepkavības mēģinājums (v) | [slepkavi:bas me:dʲina:jums] |

| to steal (a car) | aizdzīt | [aizdzi:t] |
| to hijack (a plane) | aizdzīt | [aizdzi:t] |

| revenge | atriebība (s) | [atriɛbi:ba] |
| to avenge (get revenge) | atriebties | [atriɛbtiɛs] |

to torture (vt)	spīdzināt	[spi:dzina:t]
torture	spīdzināšana (s)	[spi:dzina:ʃana]
to torment (vt)	mocīt	[mɔtsi:t]

pirate	pirāts (v)	[pira:ts]
hooligan	huligāns (v)	[xuliga:ns]
armed (adj)	apbruņots	[apbruɲots]
violence	varmācība (s)	[varma:tsi:ba]
illegal (unlawful)	nelikumīgs	[nelikumi:gs]

| spying (espionage) | spiegošana (s) | [spiɛgoʃana] |
| to spy (vi) | spiegot | [spiɛgɔt] |

120. Police. Law. Part 1

| justice | tiesas spriešana (s) | [tiɛsas spriɛʃana] |
| court (see you in ~) | tiesa (s) | [tiɛsa] |

judge	tiesnesis (v)	[tiɛsnesis]
jurors	zvērinātie (v dsk)	[zve:rina:tiɛ]
jury trial	zvērināto tiesa (s)	[zve:rina:tɔ tiɛsa]
to judge, to try (vt)	spriest	[spriɛst]

lawyer, barrister	advokāts (v)	[advɔka:ts]
defendant	tiesajamais (v)	[tiɛsa:jamais]
dock	apsūdzēto sols (v)	[apsu:dze:tɔ sɔls]

| charge | apsūdzība (s) | [apsu:dzi:ba] |
| accused | apsūdzētais (v) | [apsu:dzɛ:tais] |

| sentence | spriedums (v) | [spriɛdums] |
| to sentence (vt) | piespriest | [piɛspriɛst] |

guilty (culprit)	vaininieks (v)	[vaininiɛks]
to punish (vt)	sodīt	[sɔdi:t]
punishment	sods (v)	[sɔds]

fine (penalty)	soda nauda (s)	[sɔda nauda]
life imprisonment	mūža ieslodzījums (v)	[mu:ʒa iɛslodzi:jums]
death penalty	nāves sods (v)	[na:ves sɔds]
electric chair	elektriskais krēsls (v)	[ɛlektriskais kre:sls]
gallows	karātavas (s dsk)	[kara:tavas]

| to execute (vt) | sodīt ar nāvi | [sɔdi:t ar na:vi] |
| execution | nāves soda izpilde (s) | [na:ves sɔda izpilde] |

117

| prison | cietums (v) | [tsiɛtums] |
| cell | kamera (s) | [kamɛra] |

escort (convoy)	konvojs (v)	[kɔnvɔjs]
prison officer	uzraugs (v)	[uzraugs]
prisoner	ieslodzītais (v)	[iɛslodzi:tais]

| handcuffs | roku dzelži (v dsk) | [rɔku dzelʒi] |
| to handcuff (vt) | ieslēgt roku dzelžos | [iɛsle:gt rɔku dzelʒɔs] |

prison break	izbēgšana no cietuma (s)	[izbe:gʃana nɔ tsiɛtuma]
to break out (vi)	bēgt no cietuma	[be:gt nɔ tsiɛtuma]
to disappear (vi)	pazust	[pazust]
to release (from prison)	atbrīvot	[atbri:vɔt]
amnesty	amnestija (s)	[amnestija]

police	policija (s)	[pɔlitsija]
police officer	policists (v)	[pɔlitsists]
police station	policijas iecirknis (v)	[pɔlitsijas iɛtsirknis]
truncheon	gumijas nūja (s)	[gumijas nu:ja]
megaphone (loudhailer)	rupors (v)	[rupɔrs]

patrol car	patruļa mašīna (s)	[patrulʲa maʃi:na]
siren	sirēna (s)	[sirɛ:na]
to turn on the siren	ieslēgt sirēnu	[iɛsle:gt sirɛ:nu]
siren call	sirēnas gaudošana (s)	[sirɛ:nas gaudɔʃana]

crime scene	notikuma vieta (s)	[nɔtikuma viɛta]
witness	liecinieks (v)	[liɛtsiniɛks]
freedom	brīvība (s)	[bri:vi:ba]
accomplice	līdzzinātājs (v)	[li:dzzina:ta:js]
to flee (vi)	paslēpties	[pasle:ptiɛs]
trace (to leave a ~)	pēda (s)	[pɛ:da]

121. Police. Law. Part 2

search (investigation)	meklēšana (s)	[mekle:ʃana]
to look for …	meklēt …	[mekle:t …]
suspicion	aizdomas (s dsk)	[aizdɔmas]
suspicious (e.g., ~ vehicle)	aizdomīgs	[aizdɔmi:gs]
to stop (cause to halt)	apturēt	[apture:t]
to detain (keep in custody)	aizturēt	[aizture:t]

case (lawsuit)	lieta (s)	[liɛta]
investigation	izmeklēšana (s)	[izmekle:ʃana]
detective	detektīvs (v)	[dɛtekti:vs]
investigator	izmeklētājs (v)	[izmeklɛ:ta:js]
hypothesis	versija (s)	[vɛrsija]

motive	motīvs (v)	[mɔti:vs]
interrogation	pratināšana (s)	[pratina:ʃana]
to interrogate (vt)	pratināt	[pratina:t]
to question (~ neighbors, etc.)	aptaujāt	[aptauja:t]

check (identity ~)	**pārbaude** (s)	[pa:rbaude]
round-up (raid)	**tvarstīšana** (s)	[tvarsti:ʃana]
search (~ warrant)	**kratīšana** (s)	[krati:ʃana]
chase (pursuit)	**pakaļdzīšanās** (s)	[pakalʲdzi:ʃana:s]
to pursue, to chase	**vajāt**	[vaja:t]
to track (a criminal)	**atsekot**	[atsekɔt]

arrest	**arests** (v)	[arests]
to arrest (sb)	**arestēt**	[areste:t]
to catch (thief, etc.)	**noķert**	[nɔtʲert]
capture	**satveršana** (s)	[satverʃana]

document	**dokuments** (v)	[dɔkuments]
proof (evidence)	**pierādījums** (v)	[piɛra:di:jums]
to prove (vt)	**pierādīt**	[piɛra:di:t]
footprint	**pēda** (s)	[pɛ:da]
fingerprints	**pirkstu nospiedumi** (v dsk)	[pirkstu nɔspiɛdumi]
piece of evidence	**pierādījums** (v)	[piɛra:di:jums]

alibi	**alibi** (v)	[alibi]
innocent (not guilty)	**nevainīgais**	[nɛvaini:gais]
injustice	**netaisnība** (s)	[nɛtaisni:ba]
unjust, unfair (adj)	**netaisnīgs**	[nɛtaisni:gs]

criminal (adj)	**kriminālais**	[krimina:lais]
to confiscate (vt)	**konfiscēt**	[kɔnfistse:t]
drug (illegal substance)	**narkotiska viela** (s)	[narkɔtiska viɛla]
weapon, gun	**ierocis** (v)	[iɛrɔtsis]
to disarm (vt)	**atbruņot**	[atbruɲɔt]
to order (command)	**pavēlēt**	[pavɛ:le:t]
to disappear (vi)	**pazust**	[pazust]

law	**likums** (v)	[likums]
legal, lawful (adj)	**likumīgs**	[likumi:gs]
illegal, illicit (adj)	**nelikumīgs**	[nelikumi:gs]

responsibility (blame)	**atbildība** (s)	[atbildi:ba]
responsible (adj)	**atbildīgais**	[atbildi:gais]

NATURE

The Earth. Part 1

space	kosmoss (v)	[kɔsmɔs]
space (as adj)	kosmiskais	[kɔsmiskais]
outer space	kosmiskā telpa (s)	[kɔsmiska: telpa]
world	visums (v)	[visums]
universe	pasaule (s)	[pasaule]
galaxy	galaktika (s)	[galaktika]
star	zvaigzne (s)	[zvaigzne]
constellation	zvaigznājs (v)	[zvaigzna:js]
planet	planēta (s)	[planɛ:ta]
satellite	pavadonis (v)	[pavadɔnis]
meteorite	meteorīts (v)	[mɛteɔri:ts]
comet	komēta (s)	[kɔmɛ:ta]
asteroid	asteroīds (v)	[asterɔi:ds]
orbit	orbīta (s)	[ɔrbi:ta]
to revolve	griezties ap	[griɛzties ap]
(~ around the Earth)		
atmosphere	atmosfēra (s)	[atmɔsfɛ:ra]
the Sun	Saule (s)	[saule]
solar system	Saules sistēma (s)	[saules sistɛ:ma]
solar eclipse	Saules aptumsums (v)	[saules aptumsums]
the Earth	Zeme (s)	[zɛme]
the Moon	Mēness (v)	[mɛ:nes]
Mars	Marss (v)	[mars]
Venus	Venēra (s)	[vɛnɛ:ra]
Jupiter	Jupiters (v)	[jupitɛrs]
Saturn	Saturns (v)	[saturns]
Mercury	Merkus (v)	[merkus]
Uranus	Urāns (v)	[ura:ns]
Neptune	Neptūns (v)	[neptu:ns]
Pluto	Plutons (v)	[plutɔns]
Milky Way	Piena ceļš (v)	[piɛna tselʲʃ]
Great Bear (Ursa Major)	Lielais Lācis (v)	[liɛlais la:tsis]
North Star	Polārzvaigzne (s)	[pɔla:rzvaigzne]
Martian	marsietis (v)	[marsiɛtis]

extraterrestrial (n)	citplanētietis (v)	[tsitplane:tiɛtis]
alien	atnācējs (v)	[atna:tse:js]
flying saucer	lidojošais šķīvis (v)	[lidɔjɔʃais ʃƫi:vis]
spaceship	kosmiskais kuģis (v)	[kɔsmiskais kudʲis]
space station	orbitālā stacija (s)	[ɔrbita:la: statsija]
blast-off	starts (v)	[starts]
engine	dzinējs (v)	[dzine:js]
nozzle	sprausla (s)	[sprausla]
fuel	degviela (s)	[degviɛla]
cockpit, flight deck	kabīne (s)	[kabi:ne]
aerial	antena (s)	[antɛna]
porthole	iluminators (v)	[iluminatɔrs]
solar panel	saules baterija (s)	[saules baterija]
spacesuit	skafandrs (v)	[skafandrs]
weightlessness	bezsvara stāvoklis (v)	[bezsvara sta:vɔklis]
oxygen	skābeklis (v)	[ska:beklis]
docking (in space)	savienošanās (s)	[saviɛnɔʃana:s]
to dock (vi, vt)	savienoties	[saviɛnɔtiɛs]
observatory	observatorija (s)	[ɔbservatɔrija]
telescope	teleskops (v)	[tɛleskɔps]
to observe (vt)	novērot	[nɔve:rɔt]
to explore (vt)	pētīt	[pe:ti:t]

123. The Earth

the Earth	Zeme (s)	[zɛme]
the globe (the Earth)	zemeslode (s)	[zɛmeslɔde]
planet	planēta (s)	[planɛ:ta]
atmosphere	atmosfēra (s)	[atmɔsfɛ:ra]
geography	ģeogrāfija (s)	[dʲeɔgra:fija]
nature	daba (s)	[daba]
globe (table ~)	globuss (v)	[glɔbus]
map	karte (s)	[karte]
atlas	atlants (v)	[atlants]
Europe	Eiropa (s)	[ɛirɔpa]
Asia	Āzija (s)	[a:zija]
Africa	Āfrika (s)	[a:frika]
Australia	Austrālija (s)	[austra:lija]
America	Amerika (s)	[amerika]
North America	Ziemeļamerika (s)	[ziɛmɛlʲamerika]
South America	Dienvidamerika (s)	[diɛnvidamerika]
Antarctica	Antarktīda (s)	[antarkti:da]
the Arctic	Arktika (s)	[arktika]

124. Cardinal directions

north	ziemeļi (v dsk)	[ziɛmelʲi]
to the north	uz ziemeļiem	[uz ziɛmelʲiɛm]
in the north	ziemeļos	[ziɛmelʲɔs]
northern (adj)	ziemeļu	[ziɛmɛlʲu]

south	dienvidi (v dsk)	[diɛnvidi]
to the south	uz dienvidiem	[uz diɛnvidiɛm]
in the south	dienvidos	[diɛnvidɔs]
southern (adj)	dienvidu	[diɛnvidu]

west	rietumi (v dsk)	[riɛtumi]
to the west	uz rietumiem	[uz riɛtumiɛm]
in the west	rietumos	[riɛtumɔs]
western (adj)	rietumu	[riɛtumu]

east	austrumi (v dsk)	[austrumi]
to the east	uz austrumiem	[uz austrumiɛm]
in the east	austrumos	[austrumɔs]
eastern (adj)	austrumu	[austrumu]

125. Sea. Ocean

sea	jūra (s)	[juːra]
ocean	okeāns (v)	[ɔkeaːns]
gulf (bay)	jūras līcis (v)	[juːras liːtsis]
straits	jūras šaurums (v)	[juːras ʃaurums]

land (solid ground)	sauszeme (s)	[sauszɛme]
continent (mainland)	kontinents (v)	[kɔntinents]
island	sala (s)	[sala]
peninsula	pussala (s)	[pusala]
archipelago	arhipelāgs (v)	[arxipɛlaːgs]

bay, cove	līcis (v)	[liːtsis]
harbour	osta (s)	[ɔsta]
lagoon	lagūna (s)	[laguːna]
cape	zemesrags (v)	[zɛmesrags]

atoll	atols (v)	[atɔls]
reef	rifs (v)	[rifs]
coral	korallis (v)	[kɔrallis]
coral reef	koraļļu rifs (v)	[kɔrallʲu rifs]

deep (adj)	dziļš	[dzilʲʃ]
depth (deep water)	dziļums (v)	[dzilʲums]
abyss	dzelme (s)	[dzelme]
trench (e.g. Mariana ~)	ieplaka (s)	[iɛplaka]

current (Ocean ~)	straume (s)	[straume]
to surround (bathe)	apskalot	[apskalɔt]
shore	krasts (v)	[krasts]

coast	piekraste (s)	[piɛkraste]
flow (flood tide)	paisums (v)	[paisums]
ebb (ebb tide)	bēgums (v)	[bɛ:gums]
shoal	sēklis (v)	[se:klis]
bottom (~ of the sea)	gultne (s)	[gultne]

wave	vilnis (v)	[vilnis]
crest (~ of a wave)	viļņa mugura (s)	[viļɲa mugura]
spume (sea foam)	putas (s)	[putas]

storm (sea storm)	vētra (s)	[ve:tra]
hurricane	viesulis (v)	[viɛsulis]
tsunami	cunami (v)	[tsunami]
calm (dead ~)	bezvējš (v)	[bezve:jʃ]
quiet, calm (adj)	mierīgs	[miɛri:gs]

| pole | pols (v) | [pɔls] |
| polar (adj) | polārais | [pɔla:rais] |

latitude	platums (v)	[platums]
longitude	garums (v)	[garums]
parallel	paralēle (s)	[paralɛ:le]
equator	ekvators (v)	[ekvatɔrs]

sky	debess (s)	[dɛbes]
horizon	horizonts (v)	[xɔrizɔnts]
air	gaiss (v)	[gais]

lighthouse	bāka (s)	[ba:ka]
to dive (vi)	nirt	[nirt]
to sink (ab. boat)	nogrimt	[nɔgrimt]
treasure	dārgumi (v dsk)	[da:rgumi]

126. Seas & Oceans names

Atlantic Ocean	Atlantijas okeāns (v)	[atlantijas ɔkea:ns]
Indian Ocean	Indijas okeāns (v)	[indijas ɔkea:ns]
Pacific Ocean	Klusais okeāns (v)	[klusais ɔkea:ns]
Arctic Ocean	Ziemeļu Ledus okeāns (v)	[ziɛmɛlʲu lɛdus ɔkea:ns]

Black Sea	Melnā jūra (s)	[melna: ju:ra]
Red Sea	Sarkanā jūra (s)	[sarkana: ju:ra]
Yellow Sea	Dzeltenā jūra (s)	[dzeltɛna: ju:ra]
White Sea	Baltā jūra (s)	[balta: ju:ra]

Caspian Sea	Kaspijas jūra (s)	[kaspijas ju:ra]
Dead Sea	Nāves jūra (s)	[na:ves ju:ra]
Mediterranean Sea	Vidusjūra (s)	[vidusju:ra]

| Aegean Sea | Egejas jūra (s) | [ɛgejas ju:ra] |
| Adriatic Sea | Adrijas jūra (s) | [adrijas ju:ra] |

| Arabian Sea | Arābijas jūra (s) | [ara:bijas ju:ra] |
| Sea of Japan | Japāņu jūra (s) | [japa:ɲu ju:ra] |

| Bering Sea | Beringa jūra (s) | [beriŋga juːra] |
| South China Sea | Dienvidķīnas jūra (s) | [diɛnvidtʲiːnas juːra] |

Coral Sea	Koraļļu jūra (s)	[kɔrallʲu juːra]
Tasman Sea	Tasmāna jūra (s)	[tasmaːna juːra]
Caribbean Sea	Karību jūra (s)	[kariːbu juːra]

| Barents Sea | Barenca jūra (s) | [barentsa juːra] |
| Kara Sea | Karas jūra (s) | [karas juːra] |

North Sea	Ziemeļjūra (s)	[ziɛmelʲjuːra]
Baltic Sea	Baltijas jūra (s)	[baltijas juːra]
Norwegian Sea	Norvēģu jūra (s)	[nɔrvɛːdʲu juːra]

127. Mountains

mountain	kalns (v)	[kalns]
mountain range	kalnu virkne (s)	[kalnu virkne]
mountain ridge	kalnu grēda (s)	[kalnu grɛːda]

summit, top	virsotne (s)	[virsɔtne]
peak	smaile (s)	[smaile]
foot (~ of the mountain)	pakāje (s)	[pakaːje]
slope (mountainside)	nogāze (s)	[nɔgaːze]

volcano	vulkāns (v)	[vulkaːns]
active volcano	darvojošais vulkāns (v)	[darvɔjɔʃais vulkaːns]
dormant volcano	nodzisušais vulkāns (v)	[nɔdzisuʃais vulkaːns]

eruption	izvirdums (v)	[izvirdums]
crater	krāteris (v)	[kraːteris]
magma	magma (s)	[magma]
lava	lava (s)	[lava]
molten (~ lava)	karstais	[karstais]

canyon	kanjons (v)	[kanjɔns]
gorge	aiza (s)	[aiza]
crevice	plaisa (s)	[plaisa]
abyss (chasm)	bezdibenis (v)	[bezdibenis]

pass, col	pāreja (s)	[paːreja]
plateau	plato (v)	[platɔ]
cliff	klints (s)	[klints]
hill	pakalns (v)	[pakalns]

glacier	ledājs (v)	[lɛdaːjs]
waterfall	ūdenskritums (v)	[uːdenskritums]
geyser	geizers (v)	[gɛizɛrs]
lake	ezers (v)	[ɛzɛrs]

plain	līdzenums (v)	[liːdzenums]
landscape	ainava (s)	[ainava]
echo	atbalss (s)	[atbals]
alpinist	alpīnists (v)	[alpiːnists]

rock climber	klinšu kāpējs (v)	[klinʃu ka:pe:js]
to conquer (in climbing)	iekarot	[iɛkarɔt]
climb (an easy ~)	uzkāpšana (s)	[uzka:pʃana]

128. Mountains names

The Alps	Alpi (v dsk)	[alpi]
Mont Blanc	Monblāns (v)	[mɔnbla:ns]
The Pyrenees	Pireneji (v dsk)	[pirɛneji]

The Carpathians	Karpati (v dsk)	[karpati]
The Ural Mountains	Urālu kalni (v dsk)	[ura:lu kalni]
The Caucasus Mountains	Kaukāzs (v)	[kauka:zs]
Mount Elbrus	Elbruss (v)	[elbrus]

The Altai Mountains	Altaja kalni (v)	[altaja kalni]
The Tian Shan	Tjanšana kalni (v)	[tjanʃana kalni]
The Pamirs	Pamirs (v)	[pamirs]
The Himalayas	Himalaji (v dsk)	[ximalaji]
Mount Everest	Everests (v)	[ɛvɛrests]

| The Andes | Andu kalni (v dsk) | [andu kalni] |
| Mount Kilimanjaro | Kilimandžaro (v) | [kilimandʒarɔ] |

129. Rivers

river	upe (s)	[upe]
spring (natural source)	ūdens avots (v)	[u:dens avɔts]
riverbed (river channel)	gultne (s)	[gultne]
basin (river valley)	upes baseins (v)	[upes basɛins]
to flow into ...	ieplūst ...	[iɛplu:st ...]

| tributary | pieteka (s) | [piɛtɛka] |
| bank (river ~) | krasts (v) | [krasts] |

current (stream)	straume (s)	[straume]
downstream (adv)	plūsmas lejtecē	[plu:smas lejtetse:]
upstream (adv)	plūsmas augštecē	[plu:smas augʃtetse:]

inundation	plūdi (v dsk)	[plu:di]
flooding	pali (v dsk)	[pali]
to overflow (vi)	pārplūst	[pa:rplu:st]
to flood (vt)	appludināt	[appludina:t]

| shallow (shoal) | sēklis (v) | [se:klis] |
| rapids | krāce (s) | [kra:tse] |

dam	dambis (v)	[dambis]
canal	kanāls (v)	[kana:ls]
reservoir (artificial lake)	ūdenskrātuve (s)	[u:denskra:tuve]
sluice, lock	slūžas (s)	[slu:ʒas]
water body (pond, etc.)	ūdenstilpe (s)	[u:denstilpe]

swamp (marshland)	purvs (v)	[purvs]
bog, marsh	staignājs (v)	[staigna:js]
whirlpool	virpulis (v)	[virpulis]

stream (brook)	strauts (v)	[strauts]
drinking (ab. water)	dzeramais	[dzɛramais]
fresh (~ water)	sājš	[sa:jʃ]

| ice | ledus (v) | [lɛdus] |
| to freeze over (ab. river, etc.) | aizsalt | [aizsalt] |

130. Rivers names

| Seine | Sēna (s) | [sɛ:na] |
| Loire | Luāra (s) | [lua:ra] |

Thames	Temza (s)	[temza]
Rhine	Reina (s)	[rɛina]
Danube	Donava (s)	[dɔnava]

Volga	Volga (s)	[vɔlga]
Don	Dona (s)	[dɔna]
Lena	Ļena (s)	[lʲɛna]

Yellow River	Huanhe (s)	[xuanxe]
Yangtze	Jandzi (s)	[jandzi]
Mekong	Mekonga (s)	[mekɔŋga]
Ganges	Ganga (s)	[gaŋga]

Nile River	Nīla (s)	[ni:la]
Congo River	Kongo (s)	[kɔŋgɔ]
Okavango River	Okavango (s)	[ɔkavaŋgɔ]
Zambezi River	Zambezi (s)	[zambezi]
Limpopo River	Limpopo (s)	[limpɔpɔ]
Mississippi River	Misisipi (s)	[misisipi]

131. Forest

| forest, wood | mežs (v) | [meʒs] |
| forest (as adj) | meža | [meʒa] |

thick forest	meža biezoknis (v)	[meʒa biɛzɔknis]
grove	birze (s)	[birze]
forest clearing	nora (s)	[nɔra]

| thicket | krūmājs (v) | [kru:ma:js] |
| scrubland | krūmi (v dsk) | [kru:mi] |

footpath (troddenpath)	taciņa (s)	[tatsiɳa]
gully	grava (s)	[grava]
tree	koks (v)	[kɔks]
leaf	lapa (s)	[lapa]

leaves (foliage)	lapas (s dsk)	[lapas]
fall of leaves	lapkritis (v)	[lapkritis]
to fall (ab. leaves)	lapas krīt	[lapas kri:t]
top (of the tree)	virsotne (s)	[virsɔtne]

branch	zariņš (v)	[zariŋʃ]
bough	zars (v)	[zars]
bud (on shrub, tree)	pumpurs (v)	[pumpurs]
needle (of the pine tree)	skuja (s)	[skuja]
fir cone	čiekurs (v)	[tʃiɛkurs]

tree hollow	dobums (v)	[dɔbums]
nest	ligzda (s)	[ligzda]
burrow (animal hole)	ala (s)	[ala]

trunk	stumbrs (v)	[stumbrs]
root	sakne (s)	[sakne]
bark	miza (s)	[miza]
moss	sūna (s)	[su:na]

to uproot (remove trees or tree stumps)	atcelmot	[attselmɔt]
to chop down	cirst	[tsirst]
to deforest (vt)	izcirst	[iztsirst]
tree stump	celms (v)	[tselms]

campfire	ugunskurs (v)	[ugunskurs]
forest fire	ugunsgrēks (v)	[ugunsgre:ks]
to extinguish (vt)	dzēst	[dze:st]

forest ranger	mežinieks (v)	[meʒiniɛks]
protection	augu aizsargāšana (s)	[augu aizsarga:ʃana]
to protect (~ nature)	dabas aizsardzība	[dabas aizsardzi:ba]
poacher	malumednieks (v)	[malumedniɛks]
steel trap	lamatas (s dsk)	[lamatas]

to pick (mushrooms)	sēņot	[se:ɲɔt]
to pick (berries)	ogot	[ɔgɔt]
to lose one's way	apmaldīties	[apmaldi:tiɛs]

132. Natural resources

natural resources	dabas resursi (v dsk)	[dabas rɛsursi]
minerals	derīgie izrakteņi (v dsk)	[deri:giɛ izrakteɲi]
deposits	iegulumi (v dsk)	[iɛgulumi]
field (e.g. oilfield)	atradne (s)	[atradne]

to mine (extract)	iegūt rūdu	[iɛgu:t ru:du]
mining (extraction)	ieguve (s)	[iɛguve]
ore	rūda (s)	[ru:da]
mine (e.g. for coal)	raktuve (s)	[raktuve]
shaft (mine ~)	šahta (s)	[ʃaxta]
miner	oglracis (v)	[ɔglʲratsis]
gas (natural ~)	gāze (s)	[ga:ze]

gas pipeline	gāzes vads (v)	[ga:zes vads]
oil (petroleum)	nafta (s)	[nafta]
oil pipeline	naftas vads (v)	[naftas vads]
oil well	naftas tornis (v)	[naftas tornis]
derrick (tower)	urbjtornis (v)	[urbjtornis]
tanker	tankkuģis (v)	[tankkudʲis]

sand	smiltis (s dsk)	[smiltis]
limestone	kaļķakmens (v)	[kalʲtʲakmens]
gravel	grants (s)	[grants]
peat	kūdra (s)	[ku:dra]
clay	māls (v)	[ma:ls]
coal	ogles (s dsk)	[ɔgles]

iron (ore)	dzelzs (s)	[dzelzs]
gold	zelts (v)	[zelts]
silver	sudrabs (v)	[sudrabs]
nickel	niķelis (v)	[nitʲelis]
copper	varš (v)	[varʃ]

zinc	cinks (v)	[tsinks]
manganese	mangāns (v)	[maŋga:ns]
mercury	dzīvsudrabs (v)	[dzi:vsudrabs]
lead	svins (v)	[svins]

mineral	minerāls (v)	[minɛra:ls]
crystal	kristāls (v)	[krista:ls]
marble	marmors (v)	[marmɔrs]
uranium	urāns (v)	[ura:ns]

The Earth. Part 2

weather	laiks (v)	[laiks]
weather forecast	laika prognoze (s)	[laika prognoze]
temperature	temperatūra (s)	[tempɛratu:ra]
thermometer	termometrs (v)	[termometrs]
barometer	barometrs (v)	[barometrs]
humid (adj)	mitrs	[mitrs]
humidity	mitrums (v)	[mitrums]
heat (extreme ~)	tveice (s)	[tvɛitse]
hot (torrid)	karsts	[karsts]
it's hot	karsts laiks	[karsts laiks]
it's warm	silts laiks	[silts laiks]
warm (moderately hot)	silts	[silts]
it's cold	auksts laiks	[auksts laiks]
cold (adj)	auksts	[auksts]
sun	saule (s)	[saule]
to shine (vi)	spīd saule	[spi:d saule]
sunny (day)	saulains	[saulains]
to come up (vi)	uzlēkt	[uzle:kt]
to set (vi)	rietēt	[riɛte:t]
cloud	mākonis (v)	[ma:konis]
cloudy (adj)	mākoņains	[ma:koɲains]
rain cloud	melns mākonis (v)	[melns ma:konis]
somber (gloomy)	apmācies	[apma:tsiɛs]
rain	lietus (v)	[liɛtus]
it's raining	līst lietus	[li:st liɛtus]
rainy (~ day, weather)	lietains	[liɛtains]
to drizzle (vi)	smidzina	[smidzina]
pouring rain	stiprs lietus (v)	[stiprs liɛtus]
downpour	lietusgāze (s)	[liɛtusga:ze]
heavy (e.g. ~ rain)	stiprs	[stiprs]
puddle	peļķe (s)	[peļˈtˈe]
to get wet (in rain)	samirkt	[samirkt]
fog (mist)	migla (s)	[migla]
foggy	miglains	[miglains]
snow	sniegs (v)	[sniɛgs]
it's snowing	krīt sniegs	[kri:t sniɛgs]

134. Severe weather. Natural disasters

thunderstorm	pērkona negaiss (v)	[pe:rkɔna nɛgais]
lightning (~ strike)	zibens (v)	[zibens]
to flash (vi)	zibēt	[zibe:t]
thunder	pērkons (v)	[pe:rkɔns]
to thunder (vi)	dārdēt	[da:rde:t]
it's thundering	dārd pērkons	[da:rd pe:rkɔns]
hail	krusa (s)	[krusa]
it's hailing	krīt krusa	[kri:t krusa]
to flood (vt)	appludināt	[appludina:t]
flood, inundation	ūdens plūdi (v dsk)	[u:dens plu:di]
earthquake	zemestrīce (s)	[zɛmestri:tse]
tremor, shoke	trieciens (v)	[triɛtsiɛns]
epicentre	epicentrs (v)	[epitsentrs]
eruption	izvirdums (v)	[izvirdums]
lava	lava (s)	[lava]
twister	virpuļvētra (s)	[virpuļve:tra]
tornado	tornado (v)	[tɔrnadɔ]
typhoon	taifūns (v)	[taifu:ns]
hurricane	viesulis (v)	[viɛsulis]
storm	vētra (s)	[ve:tra]
tsunami	cunami (v)	[tsunami]
cyclone	ciklons (v)	[tsiklɔns]
bad weather	slikts laiks (v)	[slikts laiks]
fire (accident)	ugunsgrēks (v)	[ugunsgre:ks]
disaster	katastrofa (s)	[katastrofa]
meteorite	meteorīts (v)	[mɛteɔri:ts]
avalanche	lavīna (s)	[lavi:na]
snowslide	sniega gāze (s)	[sniɛga ga:ze]
blizzard	sniegputenis (v)	[sniɛgputenis]
snowstorm	sniega vētra (s)	[sniɛga ve:tra]

Fauna

135. Mammals. Predators

predator	**plēsoņa** (s)	[ple:soŋa]
tiger	**tīģeris** (v)	[ti:dʲeris]
lion	**lauva** (s)	[lauva]
wolf	**vilks** (v)	[vilks]
fox	**lapsa** (s)	[lapsa]
jaguar	**jaguārs** (v)	[jagua:rs]
leopard	**leopards** (v)	[leɔpards]
cheetah	**gepards** (v)	[gɛpards]
black panther	**pantera** (s)	[pantɛra]
puma	**puma** (s)	[puma]
snow leopard	**sniega leopards** (v)	[sniɛga leɔpards]
lynx	**lūsis** (v)	[lu:sis]
coyote	**koijots** (v)	[kɔijɔts]
jackal	**šakālis** (v)	[ʃaka:lis]
hyena	**hiēna** (s)	[xiɛ:na]

136. Wild animals

animal	**dzīvnieks** (v)	[dzi:vniɛks]
beast (animal)	**zvērs** (v)	[zvɛ:rs]
squirrel	**vāvere** (s)	[va:vɛre]
hedgehog	**ezis** (v)	[ɛzis]
hare	**zaķis** (v)	[zatʲis]
rabbit	**trusis** (v)	[trusis]
badger	**āpsis** (v)	[a:psis]
raccoon	**jenots** (v)	[jenɔts]
hamster	**kāmis** (v)	[ka:mis]
marmot	**murkšķis** (v)	[murkʃtʲis]
mole	**kurmis** (v)	[kurmis]
mouse	**pele** (s)	[pɛle]
rat	**žurka** (s)	[ʒurka]
bat	**sikspārnis** (v)	[sikspa:rnis]
ermine	**sermulis** (v)	[sermulis]
sable	**sabulis** (v)	[sabulis]
marten	**cauna** (s)	[tsauna]
weasel	**zebiekste** (s)	[zebiɛkste]
mink	**ūdele** (s)	[u:dɛle]

| beaver | bebrs (v) | [bebrs] |
| otter | ūdrs (v) | [u:drs] |

horse	zirgs (v)	[zirgs]
moose	alnis (v)	[alnis]
deer	briedis (v)	[briɛdis]
camel	kamielis (v)	[kamiɛlis]

bison	bizons (v)	[bizɔns]
wisent	sumbrs (v)	[sumbrs]
buffalo	bifelis (v)	[bifelis]

zebra	zebra (s)	[zebra]
antelope	antilope (s)	[antilɔpe]
roe deer	stirna (s)	[stirna]
fallow deer	dambriedis (v)	[dambriɛdis]
chamois	kalnu kaza (s)	[kalnu kaza]
wild boar	mežacūka (s)	[meʒatsu:ka]

whale	valis (v)	[valis]
seal	ronis (v)	[rɔnis]
walrus	valzirgs (v)	[valzirgs]
fur seal	kotiks (v)	[kɔtiks]
dolphin	delfīns (v)	[delfi:ns]

bear	lācis (v)	[la:tsis]
polar bear	baltais lācis (v)	[baltais la:tsis]
panda	panda (s)	[panda]

monkey	pērtiķis (v)	[pe:rtitʲis]
chimpanzee	šimpanze (s)	[ʃimpanze]
orangutan	orangutāns (v)	[ɔraŋguta:ns]
gorilla	gorilla (s)	[gɔrilla]
macaque	makaks (v)	[makaks]
gibbon	gibons (v)	[gibɔns]

elephant	zilonis (v)	[zilɔnis]
rhinoceros	degunradzis (v)	[dɛgunradzis]
giraffe	žirafe (s)	[ʒirafe]
hippopotamus	nīlzirgs (v)	[ni:lzirgs]

| kangaroo | ķengurs (v) | [tʲeŋgurs] |
| koala (bear) | koala (s) | [kɔala] |

mongoose	mangusts (v)	[maŋgusts]
chinchilla	šinšilla (s)	[ʃinʃilla]
skunk	skunkss (v)	[skunks]
porcupine	dzeloņcūka (s)	[dzelɔntsu:ka]

137. Domestic animals

cat	kaķis (v)	[katʲis]
tomcat	runcis (v)	[runtsis]
dog	suns (v)	[suns]

horse	zirgs (v)	[zirgs]
stallion (male horse)	ērzelis (v)	[e:rzelis]
mare	ķēve (s)	[tʲɛ:ve]

cow	govs (s)	[gɔvs]
bull	bullis (v)	[bullis]
ox	vērsis (v)	[vɛ:rsis]

sheep (ewe)	aita (s)	[aita]
ram	auns (v)	[auns]
goat	kaza (s)	[kaza]
billy goat, he-goat	āzis (v)	[a:zis]

| donkey | ēzelis (v) | [ɛ:zelis] |
| mule | mūlis (v) | [mu:lis] |

pig	cūka (s)	[tsu:ka]
piglet	sivēns (v)	[sive:ns]
rabbit	trusis (v)	[trusis]

| hen (chicken) | vista (s) | [vista] |
| cock | gailis (v) | [gailis] |

duck	pīle (s)	[pi:le]
drake	pīļtēviņš (v)	[pi:lʲte:viɲʃ]
goose	zoss (s)	[zɔs]

| tom turkey, gobbler | tītars (v) | [ti:tars] |
| turkey (hen) | tītaru mātīte (s) | [ti:taru ma:ti:te] |

domestic animals	mājdzīvnieki (v dsk)	[ma:jdzi:vniɛki]
tame (e.g. ~ hamster)	pieradināts	[piɛradina:ts]
to tame (vt)	pieradināt	[piɛradina:t]
to breed (vt)	audzēt	[audze:t]

farm	saimniecība (s)	[salmniɛtsi:ba]
poultry	mājputni (v dsk)	[ma:jputni]
cattle	liellopi (v dsk)	[liɛllɔpi]
herd (cattle)	ganāmpulks (v)	[gana:mpulks]

stable	zirgu stallis (v)	[zirgu stallis]
pigsty	cūkkūts (s)	[tsu:kku:ts]
cowshed	kūts (s)	[ku:ts]
rabbit hutch	trušu būda (s)	[truʃu bu:da]
hen house	vistu kūts (s)	[vistu ku:ts]

138. Birds

bird	putns (v)	[putns]
pigeon	balodis (v)	[balɔdis]
sparrow	zvirbulis (v)	[zvirbulis]
tit (great tit)	zīlīte (s)	[zi:li:te]
magpie	žagata (s)	[ʒagata]
raven	krauklis (v)	[krauklis]

133

crow	vārna (s)	[va:rna]
jackdaw	kovārnis (v)	[kɔva:rnis]
rook	krauķis (v)	[krautʲis]

duck	pīle (s)	[pi:le]
goose	zoss (s)	[zɔs]
pheasant	fazāns (v)	[faza:ns]

eagle	ērglis (v)	[e:rglis]
hawk	vanags (v)	[vanags]
falcon	piekūns (v)	[piɛku:ns]
vulture	grifs (v)	[grifs]
condor (Andean ~)	kondors (v)	[kɔndɔrs]

swan	gulbis (v)	[gulbis]
crane	dzērve (s)	[dze:rve]
stork	stārķis (v)	[sta:rtʲis]

parrot	papagailis (v)	[papagailis]
hummingbird	kolibri (v)	[kɔlibri]
peacock	pāvs (v)	[pa:vs]

ostrich	strauss (v)	[straus]
heron	gārnis (v)	[ga:rnis]
flamingo	flamings (v)	[flamiŋgs]
pelican	pelikāns (v)	[pelika:ns]

| nightingale | lakstīgala (s) | [laksti:gala] |
| swallow | bezdelīga (s) | [bezdeli:ga] |

thrush	strazds (v)	[strazds]
song thrush	dziedātājstrazds (v)	[dziɛda:ta:jstrazds]
blackbird	melnais strazds (v)	[melnais strazds]

swift	svīre (s)	[svi:re]
lark	cīrulis (v)	[tsi:rulis]
quail	paipala (s)	[paipala]

woodpecker	dzenis (v)	[dzenis]
cuckoo	dzeguze (s)	[dzɛguze]
owl	pūce (s)	[pu:tse]
eagle owl	ūpis (v)	[u:pis]
wood grouse	mednis (v)	[mednis]
black grouse	rubenis (v)	[rubenis]
partridge	irbe (s)	[irbe]

starling	mājas strazds (v)	[ma:jas strazds]
canary	kanārijputniņš (v)	[kana:rijputniɲʃ]
hazel grouse	meža irbe (s)	[meʒa irbe]

| chaffinch | žubīte (s) | [ʒubi:te] |
| bullfinch | svilpis (v) | [svilpis] |

seagull	kaija (s)	[kaija]
albatross	albatross (v)	[albatrɔs]
penguin	pingvīns (v)	[piŋgvi:ns]

139. Fish. Marine animals

bream	plaudis (v)	[plaudis]
carp	karpa (s)	[karpa]
perch	asaris (v)	[asaris]
catfish	sams (v)	[sams]
pike	līdaka (s)	[li:daka]

salmon	lasis (v)	[lasis]
sturgeon	store (s)	[stɔre]

herring	siļķe (s)	[siļʲtʲe]
Atlantic salmon	lasis (v)	[lasis]
mackerel	skumbrija (s)	[skumbrija]
flatfish	bute (s)	[bute]

zander, pike perch	zandarts (v)	[zandarts]
cod	menca (s)	[mentsa]
tuna	tuncis (v)	[tuntsis]
trout	forele (s)	[fɔrɛle]

eel	zutis (v)	[zutis]
electric ray	elektriskā raja (s)	[ɛlektriska: raja]
moray eel	murēna (s)	[murɛ:na]
piranha	piraija (s)	[piraija]

shark	haizivs (s)	[xaizivs]
dolphin	delfīns (v)	[delfi:ns]
whale	valis (v)	[valis]

crab	krabis (v)	[krabis]
jellyfish	medūza (s)	[mɛdu:za]
octopus	astoņkājis (v)	[astɔŋka:jis]

starfish	jūras zvaigzne (s)	[ju:ras zvɑigzne]
sea urchin	jūras ezis (v)	[ju:ras ezis]
seahorse	jūras zirdziņš (v)	[ju:ras zirdziŋʃ]

oyster	austere (s)	[austɛre]
prawn	garnele (s)	[garnɛle]
lobster	omārs (v)	[ɔma:rs]
spiny lobster	langusts (v)	[laŋgusts]

140. Amphibians. Reptiles

snake	čūska (s)	[tʃu:ska]
venomous (snake)	indīga	[indi:ga]

viper	odze (s)	[ɔdze]
cobra	kobra (s)	[kɔbra]
python	pitons (v)	[pitɔns]
boa	žņaudzējčūska (s)	[ʒɲaudzɛːjtʃu:ska]
grass snake	zalktis (v)	[zalktis]

rattle snake	klaburčūska (s)	[klaburtʃuːska]
anaconda	anakonda (s)	[anakɔnda]
lizard	ķirzaka (s)	[tʲirzaka]
iguana	iguāna (s)	[iguaːna]
monitor lizard	varāns (v)	[varaːns]
salamander	salamandra (s)	[salamandra]
chameleon	hameleons (v)	[xamɛleɔns]
scorpion	skorpions (v)	[skɔrpiɔns]
turtle	bruņurupucis (v)	[bruɲuruputsis]
frog	varde (s)	[varde]
toad	krupis (v)	[krupis]
crocodile	krokodils (v)	[krɔkɔdils]

141. Insects

insect	kukainis (v)	[kukainis]
butterfly	taurenis (v)	[taurenis]
ant	skudra (s)	[skudra]
fly	muša (s)	[muʃa]
mosquito	ods (v)	[ɔds]
beetle	vabole (s)	[vabɔle]
wasp	lapsene (s)	[lapsɛne]
bee	bite (s)	[bite]
bumblebee	kamene (s)	[kamɛne]
gadfly (botfly)	dundurs (v)	[dundurs]
spider	zirneklis (v)	[zirneklis]
spider's web	zirnekļtīkls (v)	[zirneklʲtiːkls]
dragonfly	spāre (s)	[spaːre]
grasshopper	sienāzis (v)	[siɛnaːzis]
moth (night butterfly)	tauriņš (v)	[tauriɲʃ]
cockroach	prusaks (v)	[prusaks]
tick	ērce (s)	[eːrtse]
flea	blusa (s)	[blusa]
midge	knislis (v)	[knislis]
locust	sisenis (v)	[sisenis]
snail	gliemezis (v)	[gliɛmezis]
cricket	circenis (v)	[tsirtsenis]
firefly	jāņtārpiņš (v)	[jaːɲtaːrpiɲʃ]
ladybird	mārīte (s)	[maːriːte]
cockchafer	maijvabole (s)	[maijvabɔle]
leech	dēle (s)	[dɛːle]
caterpillar	kāpurs (v)	[kaːpurs]
earthworm	tārps (v)	[taːrps]
larva	kāpurs (v)	[kaːpurs]

Flora

tree	koks (v)	[kɔks]
deciduous (adj)	lapu koks	[lapu kɔks]
coniferous (adj)	skujkoks	[skujkɔks]
evergreen (adj)	mūžzaļš	[muːʒzalʲʃ]
apple tree	ābele (s)	[aːbɛle]
pear tree	bumbiere (s)	[bumbiɛre]
sweet cherry tree	saldais ķirsis (v)	[saldais tʲirsis]
sour cherry tree	skābais ķirsis (v)	[skaːbais tʲirsis]
plum tree	plūme (s)	[pluːme]
birch	bērzs (v)	[beːrzs]
oak	ozols (v)	[ɔzɔls]
linden tree	liepa (s)	[liɛpa]
aspen	apse (s)	[apse]
maple	kļava (s)	[klʲava]
spruce	egle (s)	[egle]
pine	priede (s)	[priɛde]
larch	lapegle (s)	[lapegle]
fir tree	dižegle (s)	[diʒegle]
cedar	ciedrs (v)	[tsiɛdrs]
poplar	papele (s)	[papɛle]
rowan	pīlādzis (v)	[piːlaːdzis]
willow	vītols (v)	[viːtɔls]
alder	alksnis (v)	[alksnis̪]
beech	dižskābardis (v)	[diʒskaːbardis]
elm	vīksna (s)	[viːksna]
ash (tree)	osis (v)	[ɔsis]
chestnut	kastaņa (s)	[kastaɲa]
magnolia	magnolija (s)	[magnɔlija]
palm tree	palma (s)	[palma]
cypress	ciprese (s)	[tsiprɛse]
mangrove	mango koks (v)	[maŋgɔ kɔks]
baobab	baobabs (v)	[baɔbabs]
eucalyptus	eikalipts (v)	[ɛikalipts]
sequoia	sekvoja (s)	[sekvɔja]

bush	Krūms (v)	[kruːms]
shrub	krūmājs (v)	[kruːmaːjs]

grapevine	vīnogas (v)	[vi:nɔgas]
vineyard	vīnogulājs (v)	[vi:nɔgula:js]

raspberry bush	avenājs (v)	[avɛna:js]
blackcurrant bush	upeņu krūms (v)	[upɛɲu kru:ms]
redcurrant bush	sarkano jāņogu krūms (v)	[sarkanɔ ja:ɲɔgu kru:ms]
gooseberry bush	ērkšķogu krūms (v)	[e:rkʃtʲɔgu kru:ms]

acacia	akācija (s)	[aka:tsija]
barberry	bārbele (s)	[ba:rbɛle]
jasmine	jasmīns (v)	[jasmi:ns]

juniper	kadiķis (v)	[kaditʲis]
rosebush	rožu krūms (v)	[rɔʒu kru:ms]
dog rose	mežroze (s)	[meʒrɔze]

144. Fruits. Berries

fruit	auglis (v)	[auglis]
fruits	augļi (v dsk)	[auglʲi]
apple	ābols (v)	[a:bɔls]
pear	bumbieris (v)	[bumbiɛris]
plum	plūme (s)	[plu:me]

strawberry (garden ~)	zemene (s)	[zɛmɛne]
sour cherry	skābais ķirsis (v)	[ska:bais tʲirsis]
sweet cherry	saldais ķirsis (v)	[saldais tʲirsis]
grape	vīnoga (s)	[vi:nɔga]

raspberry	avene (s)	[avɛne]
blackcurrant	upene (s)	[upɛne]
redcurrant	sarkanā jāņoga (s)	[sarkana: ja:ɲɔga]
gooseberry	ērkšķoga (s)	[e:rkʃtʲɔga]
cranberry	dzērvene (s)	[dze:rvɛne]

orange	apelsīns (v)	[apɛlsi:ns]
tangerine	mandarīns (v)	[mandari:ns]
pineapple	ananāss (v)	[anana:s]

banana	banāns (v)	[bana:ns]
date	datele (s)	[datɛle]

lemon	citrons (v)	[tsitrɔns]
apricot	aprikoze (s)	[aprikɔze]
peach	persiks (v)	[pɛrsiks]

kiwi	kivi (v)	[kivi]
grapefruit	greipfrūts (v)	[grɛipfru:ts]

berry	oga (s)	[ɔga]
berries	ogas (s dsk)	[ɔgas]
cowberry	brūklene (s)	[bru:klɛne]
wild strawberry	meža zemene (s)	[meʒa zɛmɛne]
bilberry	mellene (s)	[mellɛne]

145. Flowers. Plants

flower	zieds (v)	[ziɛds]
bouquet (of flowers)	ziedu pušķis (v)	[ziɛdu puʃťis]
rose (flower)	roze (s)	[rɔze]
tulip	tulpe (s)	[tulpe]
carnation	neļķe (s)	[nelʲťʲe]
gladiolus	gladiola (s)	[gladiɔla]
cornflower	rudzupuķīte (s)	[rudzuputʲi:te]
harebell	pulkstenīte (s)	[pulksteni:te]
dandelion	pienenīte (s)	[piɛneni:te]
camomile	kumelīte (s)	[kumeli:te]
aloe	alveja (s)	[alveja]
cactus	kaktuss (v)	[kaktus]
rubber plant, ficus	gumijkoks (v)	[gumijkɔks]
lily	lilija (s)	[lilija]
geranium	ģerānija (s)	[dʲɛra:nija]
hyacinth	hiacinte (s)	[xiatsinte]
mimosa	mimoza (s)	[mimɔza]
narcissus	narcise (s)	[nartsise]
nasturtium	krese (s)	[krɛse]
orchid	orhideja (s)	[ɔrxideja]
peony	pujene (s)	[pujene]
violet	vijolīte (s)	[vijɔli:te]
pansy	atraitnītes (s dsk)	[atraitni:tes]
forget-me-not	neaizmirstule (s)	[neaizmirstule]
daisy	margrietiņa (s)	[margriɛtiɲa]
poppy	magone (s)	[magɔne]
hemp	kaņepe (s)	[kaɲɛpe]
mint	mētra (s)	[me:tra]
lily of the valley	maijpuķīte (s)	[maijputʲi:te]
snowdrop	sniegpulkstenīte (s)	[sniɛgpulksteni:te]
nettle	nātre (s)	[na:tre]
sorrel	skābene (s)	[ska:bɛne]
water lily	ūdensroze (s)	[u:densrɔze]
fern	paparde (s)	[paparde]
lichen	ķērpis (v)	[tʲe:rpis]
conservatory (greenhouse)	oranžērija (s)	[ɔranʒe:rija]
lawn	zālājs (v)	[za:la:js]
flowerbed	puķu dobe (s)	[putʲu dɔbe]
plant	augs (v)	[augs]
grass	zāle (s)	[za:le]
blade of grass	zālīte (s)	[za:li:te]

leaf	lapa (s)	[lapa]
petal	lapiņa (s)	[lapiɲa]
stem	stiebrs (v)	[stiɛbrs]
tuber	bumbulis (v)	[bumbulis]

| young plant (shoot) | dīglis (v) | [di:glis] |
| thorn | ērkšķis (v) | [e:rkʃtʲis] |

to blossom (vi)	ziedēt	[ziɛde:t]
to fade, to wither	novīt	[nɔvi:t]
smell (odour)	smarža (s)	[smarʒa]
to cut (flowers)	nogriezt	[nɔgriɛzt]
to pick (a flower)	noplūkt	[nɔplu:kt]

146. Cereals, grains

grain	graudi (v dsk)	[graudi]
cereal crops	graudaugi (v dsk)	[graudaugi]
ear (of barley, etc.)	vārpa (s)	[va:rpa]

wheat	kvieši (v dsk)	[kviɛʃi]
rye	rudzi (v dsk)	[rudzi]
oats	auzas (s dsk)	[auzas]
millet	prosa (s)	[prɔsa]
barley	mieži (v dsk)	[miɛʒi]

maize	kukurūza (s)	[kukuru:za]
rice	rīsi (v dsk)	[ri:si]
buckwheat	griķi (v dsk)	[gritʲi]

pea plant	zirnis (v)	[zirnis]
kidney bean	pupiņas (s dsk)	[pupiɲas]
soya	soja (s)	[sɔja]
lentil	lēcas (s dsk)	[le:tsas]
beans (pulse crops)	pupas (s dsk)	[pupas]

COUNTRIES. NATIONALITIES

147. Western Europe

Europe	Eiropa (s)	[ɛirɔpa]
European Union	Eiropas Savienība (s)	[ɛirɔpas saviɛni:ba]
Austria	Austrija (s)	[austrija]
Great Britain	Lielbritānija (s)	[liɛlbrita:nija]
England	Anglija (s)	[aŋglija]
Belgium	Beļģija (s)	[belʲdʲija]
Germany	Vācija (s)	[va:tsija]
Netherlands	Nīderlande (s)	[ni:derlande]
Holland	Holande (s)	[xɔlande]
Greece	Grieķija (s)	[griɛtʲija]
Denmark	Dānija (s)	[da:nija]
Ireland	Īrija (s)	[i:rija]
Iceland	Īslande (s)	[i:slande]
Spain	Spānija (s)	[spa:nija]
Italy	Itālija (s)	[ita:lija]
Cyprus	Kipra (s)	[kipra]
Malta	Malta (s)	[malta]
Norway	Norvēģija (s)	[nɔrve:dʲija]
Portugal	Portugāle (s)	[pɔrtuga:le]
Finland	Somija (s)	[sɔmija]
France	Franoija (ɕ)	[frantsija]
Sweden	Zviedrija (s)	[zviɛdrija]
Switzerland	Šveice (s)	[ʃvɛitse]
Scotland	Skotija (s)	[skɔtija]
Vatican City	Vatikāns (v)	[vatika:ns]
Liechtenstein	Lihtenšteina (s)	[lixtenʃtɛina]
Luxembourg	Luksemburga (s)	[luksemburga]
Monaco	Monako (s)	[mɔnakɔ]

148. Central and Eastern Europe

Albania	Albānija (s)	[alba:nija]
Bulgaria	Bulgārija (s)	[bulga:rija]
Hungary	Ungārija (s)	[uŋga:rija]
Latvia	Latvija (s)	[latvija]
Lithuania	Lietuva (s)	[liɛtuva]
Poland	Polija (s)	[pɔlija]

Romania	Rumānija (s)	[ruma:nija]
Serbia	Serbija (s)	[serbija]
Slovakia	Slovākija (s)	[slova:kija]

Croatia	Horvātija (s)	[xɔrva:tija]
Czech Republic	Čehija (s)	[tʃexija]
Estonia	Igaunija (s)	[igaunija]

Bosnia and Herzegovina	Bosnija un Hercegovina (s)	[bɔsnija un xertsegɔvina]
North Macedonia	Maķedonija (s)	[matʲedɔnija]
Slovenia	Slovēnija (s)	[slɔve:nija]
Montenegro	Melnkalne (s)	[melnkalne]

149. Former USSR countries

Azerbaijan	Azerbaidžāna (s)	[azerbaidʒa:na]
Armenia	Armēnija (s)	[arme:nija]

Belarus	Baltkrievija (s)	[baltkriɛvija]
Georgia	Gruzija (s)	[gruzija]
Kazakhstan	Kazahstāna (s)	[kazaxsta:na]
Kirghizia	Kirgizstāna (s)	[kirgizsta:na]
Moldova, Moldavia	Moldova (s)	[mɔldɔva]

Russia	Krievija (s)	[kriɛvija]
Ukraine	Ukraina (s)	[ukraina]

Tajikistan	Tadžikistāna (s)	[tadʒikista:na]
Turkmenistan	Turkmenistāna (s)	[turkmenista:na]
Uzbekistan	Uzbekistāna (s)	[uzbekista:na]

150. Asia

Asia	Āzija (s)	[a:zija]
Vietnam	Vjetnama (s)	[vjetnama]
India	Indija (s)	[indija]
Israel	Izraēla (s)	[izraɛ:la]

China	Ķīna (s)	[tʲi:na]
Lebanon	Libāna (s)	[liba:na]
Mongolia	Mongolija (s)	[mɔŋgɔlija]

Malaysia	Malaizija (s)	[malaizija]
Pakistan	Pakistāna (s)	[pakista:na]

Saudi Arabia	Saūda Arābija (s)	[sau:da ara:bija]
Thailand	Taizeme (s)	[taizɛme]
Taiwan	Taivāna (s)	[taiva:na]
Turkey	Turcija (s)	[turtsija]
Japan	Japāna (s)	[japa:na]
Afghanistan	Afganistāna (s)	[afganista:na]
Bangladesh	Bangladeša (s)	[baŋgladeʃa]

| Indonesia | Indonēzija (s) | [indɔne:zija] |
| Jordan | Jordānija (s) | [jɔrda:nija] |

Iraq	Irāka (s)	[ira:ka]
Iran	Irāna (s)	[ira:na]
Cambodia	Kambodža (s)	[kambɔdʒa]
Kuwait	Kuveita (s)	[kuvɛita]

Laos	Laosa (s)	[laɔsa]
Myanmar	Mjanma (s)	[mjanma]
Nepal	Nepāla (s)	[nɛpa:la]
United Arab Emirates	Apvienotie Arābu	[apviɛnɔtiɛ ara:bu
	Emirāti (v dsk)	emira:ti]

| Syria | Sīrija (s) | [si:rija] |
| Palestine | Palestīna (s) | [palesti:na] |

| South Korea | Dienvidkoreja (s) | [diɛnvidkɔreja] |
| North Korea | Ziemeļkoreja (s) | [ziɛmeľkɔreja] |

151. North America

United States of America	Amerikas Savienotās	[amerikas saviɛnɔta:s
	Valstis (s dsk)	valstis]
Canada	Kanāda (s)	[kana:da]
Mexico	Meksika (s)	[meksika]

152. Central and South America

Argentina	Argentīna (s)	[argenti:na]
Brazil	Brazīlija (s)	[brazi:lija]
Colombia	Kolumbija (s)	[kɔlumblja]

| Cuba | Kuba (s) | [kuba] |
| Chile | Čīle (s) | [tʃi:le] |

| Bolivia | Bolīvija (s) | [bɔli:vija] |
| Venezuela | Venecuēla (s) | [vɛnetsuɛ:la] |

| Paraguay | Paragvaja (s) | [paragvaja] |
| Peru | Peru (v) | [pɛru] |

Suriname	Surinama (s)	[surinama]
Uruguay	Urugvaja (s)	[urugvaja]
Ecuador	Ekvadora (s)	[ekvadɔra]

| The Bahamas | Bahamu salas (s dsk) | [baxamu salas] |
| Haiti | Haiti (v) | [xaiti] |

Dominican Republic	Dominikas Republika (s)	[dɔminikas rɛpublika]
Panama	Panama (s)	[panama]
Jamaica	Jamaika (s)	[jamaika]

153. Africa

Egypt	Ēģipte (s)	[e:dʲipte]
Morocco	Maroka (s)	[marɔka]
Tunisia	Tunisija (s)	[tunisija]
Ghana	Gana (s)	[gana]
Zanzibar	Zanzibāra (s)	[zanziba:ra]
Kenya	Kenija (s)	[kenija]
Libya	Lībija (s)	[li:bija]
Madagascar	Madagaskara (s)	[madagaskara]
Namibia	Namībija (s)	[nami:bija]
Senegal	Senegāla (s)	[senɛga:la]
Tanzania	Tanzānija (s)	[tanza:nija]
South Africa	Dienvidāfrikas Republika (s)	[diɛnvida:frikas rɛpublika]

154. Australia. Oceania

Australia	Austrālija (s)	[austra:lija]
New Zealand	Jaunzēlande (s)	[jaunzɛ:lande]
Tasmania	Tasmānija (s)	[tasma:nija]
French Polynesia	Franču Polinēzija (s)	[frantʃu poline:zija]

155. Cities

Amsterdam	Amsterdama (s)	[amsterdama]
Ankara	Ankara (s)	[ankara]
Athens	Atēnas (s dsk)	[atɛ:nas]
Baghdad	Bagdāde (s)	[bagda:de]
Bangkok	Bangkoka (s)	[baŋgkɔka]
Barcelona	Barselona (s)	[barselɔna]
Beijing	Pekina (s)	[pekina]
Beirut	Beiruta (s)	[bɛiruta]
Berlin	Berlīne (s)	[berli:ne]
Mumbai (Bombay)	Bombeja (s)	[bɔmbeja]
Bonn	Bonna (s)	[bɔnna]
Bordeaux	Bordo (s)	[bɔrdɔ]
Bratislava	Bratislava (s)	[bratislava]
Brussels	Brisele (s)	[brisɛle]
Bucharest	Bukareste (s)	[bukareste]
Budapest	Budapešta (s)	[budapeʃta]
Cairo	Kaira (s)	[kaira]
Kolkata (Calcutta)	Kalkuta (s)	[kalkuta]
Chicago	Čikāga (s)	[tʃika:ga]
Copenhagen	Kopenhāgena (s)	[kɔpenxa:gɛna]
Dar-es-Salaam	Daresalāma (s)	[darɛsala:ma]

Delhi	Deli (s)	[deli]
Dubai	Dubaija (s)	[dubaija]
Dublin	Dublina (s)	[dublina]
Düsseldorf	Diseldorfa (s)	[diseldɔrfa]

Florence	Florence (s)	[flɔrentse]
Frankfurt	Frankfurte (s)	[frankfurte]
Geneva	Ženēva (s)	[ʒɛnɛ:va]

The Hague	Hāga (s)	[xa:ga]
Hamburg	Hamburga (s)	[xamburga]
Hanoi	Hanoja (s)	[xanɔja]
Havana	Havana (s)	[xavana]
Helsinki	Helsinki (v dsk)	[xɛlsinki]
Hiroshima	Hirosima (s)	[xirɔsima]
Hong Kong	Honkonga (s)	[xɔnkɔŋga]

Istanbul	Stambula (s)	[stambula]
Jerusalem	Jeruzaleme (s)	[jeruzalɛme]
Kyiv	Kijeva (s)	[kijeva]
Kuala Lumpur	Kualalumpura (s)	[kualalumpura]
Lisbon	Lisabona (s)	[lisabɔna]
London	Londona (s)	[lɔndɔna]
Los Angeles	Losandželosa (s)	[lɔsandʒelɔsa]
Lyons	Liona (s)	[liɔna]

Madrid	Madride (s)	[madride]
Marseille	Marseļa (s)	[marsɛlʲa]
Mexico City	Mehiko (s)	[mexikɔ]
Miami	Maiami (s)	[maiami]
Montreal	Monreāla (s)	[mɔnrea:la]
Moscow	Maskava (s)	[maskava]
Munich	Minhene (s)	[minxɛne]

Nairobi	Nairobi (v)	[nairɔbi]
Naples	Neapole (s)	[neapɔle]
New York	Ņujorka (s)	[ɲujɔrka]
Nice	Nica (s)	[nitsa]
Oslo	Oslo (s)	[ɔslɔ]
Ottawa	Otava (s)	[ɔtava]

Paris	Parīze (s)	[pari:ze]
Prague	Prāga (s)	[pra:ga]
Rio de Janeiro	Riodeženeiro (s)	[riɔdeʒenɛirɔ]
Rome	Roma (s)	[rɔma]

Saint Petersburg	Sanktpēterburga (s)	[sanktpɛ:terburga]
Seoul	Seula (s)	[sɛula]
Shanghai	Šanhaja (s)	[ʃanxaja]
Singapore	Singapūra (s)	[siŋgapu:ra]
Stockholm	Stokholma (s)	[stɔkxɔlma]
Sydney	Sidneja (s)	[sidneja]

Taipei	Taipeja (s)	[taipeja]
Tokyo	Tokija (s)	[tɔkija]
Toronto	Toronto (s)	[tɔrɔntɔ]

145

Venice	**Venēcija** (s)	[vɛneːtsija]
Vienna	**Vīne** (s)	[viːne]
Warsaw	**Varšava** (s)	[varʃava]
Washington	**Vašingtona** (s)	[vaʃiŋgtɔna]

www.ingramcontent.com/pod-product-compliance
Lightning Source LLC
Chambersburg PA
CBHW070553050426
42450CB00011B/2849